新华人文修养丛书

杨桂梅　张润平 ◎ 著

中國瓷器簡明读本

丛书主编　要力石

新华出版社

图书在版编目（CIP）数据

中国瓷器简明读本 / 杨桂梅, 张润平著.
北京:新华出版社, 2016.5
ISBN 978-7-5166-2498-2

Ⅰ.①中… Ⅱ.①杨… ②张… Ⅲ.①瓷器（考古）
－介绍－中国 Ⅳ.①K876.34

中国版本图书馆CIP数据核字(2016)第092228号

中国瓷器简明读本

作 者: 杨桂梅 张润平			
责任编辑: 王晓娜 梁秋克		**封面设计:** 马文丽	
责任印制: 廖成华		**责任校对:** 刘保利	

出版发行: 新华出版社

地 址: 北京石景山区京原路8号　　　　　　**邮 编:** 100040

网 址: http://www.xinhuapub.com　　http://press.xinhuanet.com

经 销: 新华书店

购书热线: 010-63077122　　　　　　**中国新闻书店购书热线:** 010-63072012

照 排: 北京厚积广告有限公司

印 刷: 永清县晔盛亚胶印有限公司

成品尺寸: 170mm×240mm

印 张: 13.25　　　　　　　　　　**字 数:** 200千字

版 次: 2016年6月第一版　　　　　　**印 次:** 2021年1月第二次印刷

书 号: ISBN 978-7-5166-2498-2

定 价: 39.00元

引 言

中国瓷器简明读本

1

引　言

　　中国是著名的陶瓷古国，特别是瓷器的生产和使用，曾在世界上一枝独秀地存在了 2000 多年。瓷器是中国古代劳动人民的一项伟大发明，是人类物质文化中影响力最大的产品之一。

　　本书着重于中国瓷器的发展历史。瓷器的前身是陶器，在世界各大古文明中，均有陶器的制作和使用，但只有中国，古代工匠在陶器的制作中发明了瓷器。瓷器轻便美观、易清洁收纳，是中国人最普通的日常生活器皿，瓷器的使用让中国百姓的生活品质有了质的飞跃。

　　在古代中国，从陶器到原始瓷器经历了 3000—5000 年的历程。瓷器烧制成功需要三个条件：1. 使用瓷土制坯；2. 器表施高温釉；3. 烧成温度达到 1200 度以上。从原始瓷器到成熟青瓷又经历了 500—600 年，成熟青瓷比原始青瓷的胎质更加细密、釉质更加厚润、胎釉结合更加紧密，为后世瓷器工艺技术的高速发展奠定了基础。

　　中国古代制作瓷器的窑场很多，发展到宋代可谓"遍地开花"，目前全国发现的宋代瓷器窑址遍及 130 多个县市。浙江作为中国瓷器的发源地，也是中国古代瓷器烧制的"圣地"，从战国时期的原始青瓷到唐、五代越窑的秘色瓷；从南宋官窑到元、明龙泉窑，生生不息。元、明、清时期，由于官府的参与和掌控，景德镇窑一枝独秀的局面形成，中国的制瓷业也因此达到顶峰。16—18 世纪，大航海时代的中欧海上贸易，把中国瓷器大量带入欧洲，不仅改变了欧洲人的某些生活习惯，同时影响了欧洲的艺术和审美，更重要的是刺激了欧洲制瓷产业的开端和发展，并在工业革命后，引领瓷器制造业走上了工业化生产的道路。

　　本书撰写的方向是关于中国瓷器发展历史的简明读本，因此在撰写过程中重点放在各个时代瓷器发展的突出特点上，例如战国时期的原始瓷器、汉末成熟青瓷的出现、六朝青瓷的快速发展、隋代白瓷的出现、唐代南青北白局面的形成、宋代的五大名窑及特色民窑、元青花、明代青花及彩瓷的发展、清代瓷业走向巅峰、明清外销瓷的专业发展等等，同时结合新中国成立以来古窑址考古资料、墓葬发掘资料以及最新的研究成果，尽可能地以一种通俗易懂的话题方式，让读者了解到更专业的中国古代瓷器知识，为瓷器爱好者们提供一定的参考和借鉴。

一、原始瓷器
——商周物质文明的新宠

　　商周时期是中国古代青铜文化最发达的时期，青铜器是这个时期最重要、最精彩的器物。青铜器主要是贵族阶层的祭祀及礼乐用器，而漆器和陶器在日常生活用器中所占的比例更大。原始瓷器的出现和使用，是商周时期物质文化中的新生事物，特别是商和西周时期，在今天看来十分粗糙的瓷器也只能在贵族墓葬中有少量发现。春秋战国时期，原始青瓷的发展呈现出北方缩减南方扩大的趋势。2004年江苏无锡和苏州交界处鸿山东周越国贵族土墩墓群出土了原始瓷器约700余件，这一重大发现，为了解东周时期原始瓷器生产的面貌揭开了新的一幕。这次出土的原始青瓷品种十分丰富，几乎涵盖了青铜礼乐器及生活用器的各个种类，可谓是原始瓷器的梦幻组合，它们的发现填补了中国瓷器发展史中的一项空白，也揭开了中国千年瓷国的序幕。

1 由陶到瓷的历程

陶器是用黏土塑形，高温烧制而成。陶器的起源与农业生产息息相关，"最早的陶器显然是模仿其他材料所做成的习见器物——如篮子、葫芦和皮袋的形状，后来才发展成具有自身特点的器皿"[1]。目前中国考古发现的较早的陶器都属于新石器时代文化遗存，例如河南新郑裴李岗文化陶器、江西万年仙人洞陶器（图1-1）、广西桂林甑皮岩陶器，距今6000—8000年。

图1-1 新石器时代——江西万年仙人洞出土陶罐

瓷器是从陶器发展而来的，其主要区别在于原料、烧造温度和釉料的使用。从陶器的出现到商代晚期原始瓷的出现，经历了3000—5000年的发展历程，人类在漫长的发展过程中不断摸索和积累经验，提高技术，在经历了陶器制作的高峰期之后，逐步发展到瓷器时代的原始阶段。

中国的新石器时代也是陶器文化的发展和高峰时期，以地域划分的考古

---

1 中国硅酸盐学会编：《中国陶瓷史》，文物出版社，2004年。

学文化成为这个时期陶器的文化归属，各区域新石器文化的陶器有着自己的造型风格和装饰特色，以艺术特色不同而比较突出的彩陶、黑陶、白陶等是这个时期比较引人注目的产品。

中国新石器文化可以分为六大文化区：1. 燕辽文化区（红山文化）；2. 中原文化区（裴李岗文化、仰韶文化、陶寺文化、王湾三期文化）；3. 山东文化区（大汶口文化、龙山文化）；4. 甘青文化区（马家窑文化）；5. 江浙文化区（河姆渡文化、马家浜文化、良渚文化）；6. 长江中游文化区（大溪文化、屈家岭文化、石家河文化）。这些原始文化分别以多个原始部落或聚落的形式存在，陶器烧制是部落农业生活的一部分。这个时期陶器制作工艺主要有以下几个方面。

制陶原料

一般采用经河水自然淘洗沉淀的黄土、红土、黑土等粘土，一些炊煮器还加入了砂砾、石灰粒、稻草末、碎陶块等以提高陶胎耐热急变性能，防止高温过程中的破裂。陶土的成分影响着陶胎的致密度和颜色，其中氧化铁的含量对颜色的影响较大。仰韶文化晚期出现、大汶口义化和龙山文化比较流行的白陶，其原料与制瓷的原料高岭土已经十分接近，而且氧化铁的含量远远低于其他陶器，高温烧制后呈白色。白陶的出现和流行，是陶器过渡到瓷器的重要阶段。

成型技术

陶器器型的制作俗称拉坯，这个时期的陶器成型技术有手捏和轮制两种。手工捏塑，一般在制陶的早期阶段使用，比如有明显手捏痕迹的大口碗、钵、筒状罐等，这些器物相对有厚薄不均、不太规整的特点。另外一些动物造型的器物（如陶鸮、鸟形壶及各种陶塑）也是手制。轮制则包括泥条盘筑、模制和转轮拉坯。泥条盘筑就是把坯泥做成泥条，然后依据需要的器型大小一层层叠加成型，然后将里外抹平；模制有内模成型和外模成型。一般大口圆底的碗、钵、盆等可用内模成型；青海马厂及半山期的彩陶罐有外模成型的痕迹。慢轮，用于陶器制作中手制和修整。最初陶器的制作是在树叶、竹席、木板或织物上完成，是为了便于移动修坯。后来出现慢轮，加快了盘筑、修坯、印纹的速度，而且器型更加规整。快轮拉坯，是指利用轮盘的快速转动提拉泥坯使之成型的制陶技术，这种技术出现并流行于新石器晚期的大汶口文化晚期和龙山文化。轮制技术不仅提高了生产效率，降低生产成本，而且器型也更加规整且厚薄均匀，是后世瓷器生产的主要成型技术。

装饰

陶器的装饰包括对陶胎表面的进一步加工和装饰纹饰。对半干的陶器表面进行打磨，烧出来的陶器表面十分光亮，素面陶器通过增加光亮度来提升美感。施陶衣，是在陶器表面刷一层细泥浆，泥浆成分的不同，烧出来的颜色也不一样，例如氧化铁含量较高的泥浆，陶衣呈红色；加入溶剂的瓷土泥浆，陶衣呈白色。陶衣一般出现在仰韶文化的彩陶上，一方面让陶器表面光洁美观，也为彩绘提供了方便。后世瓷器制作中施化妆土再上釉烧制，也是为了表面光洁漂亮，弥补胎质粗糙的缺陷。

装饰纹饰主要有：1. 压印或拍印的绳纹、几何纹、方格纹等；2. 彩绘，是在磨光的干陶坯上用天然矿物颜料绘制后入窑烧造，颜色不容易脱落，主要有红、黑、白三种颜色；3. 附加堆纹，用泥条制作简单的纹饰贴附在器身上，也有固定器壁的作用；4. 镂空，一般在器足（如高柄豆的柄部）上镂孔，有方形、圆形、三角形等。

陶窑

目前考古发现的新石器时期的窑址有 100 多处，大部分集中在黄河流域。从目前所发现的陶器来看，黄河流域的制陶水平明显高于长江流域和华南地区。陶器烧制经历了平地堆烧、横穴窑、竖穴窑，窑炉温度也从 600 多摄氏度逐渐提高到 1100 摄氏度，窑炉温度的提高，是瓷器产生的重要条件，原始瓷器的成功烧制，窑炉的温度必须达到 1200 摄氏度以上，因此窑炉设计及窑温控制是瓷器发展的一个重要条件。

新石器时期的陶器从器型到装饰都代表了陶瓷发展历程中艺术创作的萌芽阶段，其中不乏制作精美、设计独特的作品，其中红陶、彩陶、黑陶、白陶是比较精致的品种。

红陶

红陶器是新石器时代的主要品种，主要产于今河南、陕西、甘肃一带的仰韶文化圈。早期胎质粗糙，多为夹砂红陶，后期的泥质红陶细腻光亮，器型多样，比较有特色的有小口尖底瓶（图 1-2）、大口罐、釜、盆等。小口尖底瓶是仰韶文化中应用比较广泛的一种汲水器，其特征为小口、鼓腹、尖底，是利用重心转换原理来调节平衡，便于从河流中汲水。

彩陶

陕甘地区白家文化的彩陶是中国最早的彩陶之一，在公元前 5800—前 5000 年，部分陶

图 1-2 新石器时代仰韶文化
红陶小口尖底瓶

器装饰有简单的红彩。其后的仰韶文化和马家窑文化代表了彩陶发展的最高成就，红彩和黑彩的使用较多，几何纹和抽象动物纹是各种构图的主要元素，其灵感来自于对自然现象的观察和想象，并以符号图形方式和行云流水的艺术形式表现出来。仰韶文化的鹳鱼石斧图彩陶缸（图1-3）、人面纹彩陶盆和马家窑文化的涡纹双耳四系彩陶罐就是这个时期彩陶的代表作品。

黑陶

高质量的黑陶出现在新石器晚期的山东龙山文化，在公元前2500—前2000年之间，并逐步取代了彩陶的地位。山东龙山文化主要分布于山东中、东部和江苏的淮北地区，在新石器时代晚期诸文化中具有较高的发展水平，其黑陶制造技术更代表了新石器时代制陶工艺的最高水平。山东龙山文化

图1-3 新石器时代仰韶文化
彩绘鹳鱼石斧图彩陶缸

已普遍使用快轮制陶法制造陶器，黑陶陶坯成型之后，再经过磨光，入窑烧制的温度达1000℃，陶坯烧透后，减火降温，并往火门中加湿木柴。使窑内产生大量浓烟，烟中的炭粒粘附在器物的表面上，撤火后，窑温冷却，陶器器体遇冷收缩，将碳元素密封在器壁中，形成了通体漆黑发亮的黑陶。这种烧制黑陶的方法叫作渗碳法，也是山东龙山文化最鲜明的特色之一。蛋壳黑陶高柄杯（图1-4）是其代表作品之一，胎壁最薄处达到1—1.5毫米，但其质地却极为细腻坚硬，被称赞为"黑如漆、亮如镜、薄如纸、声如磬"，虽然素面无华，但其典雅的造型、优美的线条、明亮的光泽，以及细腻的质感都给人一种完美的感受，被世界各国考古界誉为"四千年前地球文明最精致之制作"。

图1-4 新石器龙山文化
蛋壳黑陶高柄杯

白陶

白陶是新石器晚期出现的品种，主要流

行于大汶口文化和龙山文化区域。白陶是以高岭土为原料，经 1200℃ 左右的窑温进行烧制，成品的陶胎内、外部均呈白色，已经接近素胎瓷器，较普通陶器已有大幅度的超越。这种白陶制作工艺被后世商代所继承，是由陶器过渡到瓷器进程中最有影响力的品种，是原始瓷器产生的基础。这件白陶鬶（图 1-5）是大汶口文化的代表作。

图 1-5　新石器时代大汶口文化白陶鬶

从陶到瓷存在着一个发展和提高的过程，对原始瓷器的定义一直有不同的观点，安金槐先生在 20 世纪 60 年代提出关于瓷器的广义定义，他认为具备以下几个条件就可以算是瓷器："1. 胎骨是用高岭土作成的，有的胎骨也羼有石英或长石等粉末。2. 有光亮的釉。3. 质坚硬、火候高，扣之作金石声。4. 胎骨不吸水分。""郑州商城遗址中出土的瓷器，已完全具备了早期瓷器的特征"[2]。安先生还根据郑州附近高岭土和釉料矿埋藏的调查，认为郑州商城遗址出土的瓷器很有可能是在附近烧制的。

关于原始瓷器起源于何时何地，目前仍有不同观点，随着考古发掘新资料的出现，这个问题也会越来越清晰。关于原始瓷器的定义，安先生的四个条件基本符合目前的定义，所以原始瓷器与釉陶的根本区别是制胎原料的不同，原始瓷器是以瓷石为原料，釉陶是以粘土为原料。以此为标准，目前我们所发现的原始瓷器资料最早可追溯到商代中期。

---

2 安金槐：《谈谈郑州商代瓷器的几个问题》，《文物》1960 年 Z1 期。

2 商周时期原始瓷器的发现

瓷器与硬陶、釉陶、泥质陶器共生的时期很长，由于品质的不同，作为商品和生活用品的瓷器、硬陶、釉陶以及泥质陶器，在不同时期流行的阶层是不同的。原始瓷器在商周时期还属于新生器物，是中国青铜文明时期的物质新宠，因此多出现在王族和贵族阶层的墓葬中，其烧制技术的发展与贵族阶层的需求也是息息相关的。

商代的瓷器资料不是很多，一般出自贵族墓葬和城址。郑州商城遗址出土商代中期的瓷片占陶瓷片总量的 0.4%—0.5%，湖北黄陂盘龙城、江西吴城、江西新干大洋洲等地有出土资料。吴城商代遗址 6 号龙窑长近 8 米，火膛宽约 1 米，窑口略低，有 9 个添加燃料的口，能提高窑温，保证陶瓷的烧结度高。

西周时期原始青瓷开始大量出现，北方地区的主要有：洛阳地区出土的原始瓷器"能识别器形的达 398 件，其中可以复原的 230 件。在这 230 件原始青瓷中，224 件出土于北窑西周贵族墓地的墓葬中。"[1] 另外还有陕西扶风杨家堡西周墓[2]、陕西岐山凤雏村西周建筑遗址[3]、陕西扶风召陈村西周建筑遗址[4]、甘肃灵台白草坡[5]、北京房山琉璃河[6]、山西曲沃天马曲村[7]。南方地区主要有黄山—天台山以南地区、太湖—杭州湾地区以及宁镇地区。此区域是南方原始青瓷最发达的地区，且多发现于土墩墓和土墩石室墓中。例如衢州西山村东山墓与大墩顶墓[8]；慈溪一期墓[9]；江苏无锡华利湾墓[10]；安徽南陵千峰山各墓[11]等。江苏句容浮山果园 20 多座墓中出土原始瓷器 140 多件，多为豆、碗、罐

1 缪韵：《洛阳西周原始青瓷概述》，《四川文物》2010 年第 3 期。
2 罗西章：《陕西扶风杨家堡西周墓清理简报》，《文物》1980 年第 2 期。
3 陕西周原考古队：《陕西岐山凤雏村西周建筑基址发掘简报》，《文物》1979 年 11 期。
4 陕西周原考古队：《扶风召陈村西周建筑群基址发掘简报》，《文物》1981 年 3 期。
5 甘肃省文物工作队：《甘肃灵台白草坡西周墓》，《考古学报》1977 年 2 期。
6 北京市文物研究所：《琉璃河西周燕国墓地》，文物出版社，1995 年。
7 北京大学考古学系、山西省考古研究所：《天马—曲村遗址北赵晋侯墓地第五次发掘》，《文物》1995 年 7 期。
8 衢州市文管会《浙江衢州市发现原始青瓷》，《考古》1984 年第 2 期；金华地区文管会《浙江衢州西山西周土墩墓》，《考古》1984 年第 7 期。
9 浙江省文物考古研究所：《慈溪市彭东、东安的土墩墓与土墩石室墓》，《浙江省文物考古研究所学刊 (1980—1990)》，科学出版社，1993 年。
10 魏百龄、谢春祝：《无锡华利湾古墓清理简报》，《文物参考资料》1956 年第 12 期。
11 安徽省文物考古研究所：《安徽南陵千峰山土墩墓》，《考古》1989 年第 3 期。

等生活用器，一些小型墓葬也开始出现少量青瓷，说明青瓷的使用范围已经扩大。

春秋战国时期，原始青瓷的发展呈现出北方缩减南方扩大的趋势，北方地区仅河南北部、山西南部有发现，而南方地区北到江淮、南到岭南、西到湘江流域、东到舟山群岛都有原始瓷器发现，江浙一带则成为最发达的中心区域，以浙江德清为中心的火烧山、亭子桥窑址；皇坟堆、独仓山与南山王、三合塔山等土墩墓，以及周边余杭、安吉、长兴、苏州、萧山、绍兴等地，湖州的堂子山、妙西独头山等地，安徽南部的屯溪等地，以及江苏无锡鸿山贵族墓等土墩墓都出土了大量高质量的青瓷。南方地区形成以德清东苕溪流域为中心的青瓷烧制中心，生产规模和烧造质量都大幅提高，为后世越窑的兴起与发展奠定了基础。

3 越国贵族瓷器的梦幻组合

2004年江苏无锡和苏州交界处鸿山东周越国贵族土墩墓群的发现，为了解东周时期原始瓷器的面貌揭开了新的一幕。在此之前，原始瓷器在贵族墓葬中仅零星出土，一般为几件，多则几十件，鸿山越墓出土了原始瓷器约700余件，数量和质量远远超出任何一个墓葬和遗址。该墓葬群的发现，也是2004年中国十大考古发现之一。

鸿山越墓的年代在公元前473年—前468年，是越王勾践灭掉吴国后最强盛的时期，墓主人是王以下的贵族阶层。我们知道商周礼乐制度下的墓葬随葬是有等级划分的，贵族阶层以随葬青铜礼乐器作为身份地位的标志。而鸿山越国贵族墓的礼乐器均是仿青铜礼乐器的原始青瓷、硬陶器和泥质陶器，青瓷的品种有盆形鼎、瓿形鼎、兽面鼎、盖豆、壶、三足壶、扁腹壶、盒、盖盒、盆、三足盆、鉴、匜、罍、罐、盂、温酒器（图1-6）、冰酒器、酒杯、吊釜、盘、三足盘、钵、碗、小豆、虎子、角形器、璧形器等礼器；甬

图1-6　春秋越国原始瓷温酒器

钟（图1-7）、镈钟、编磬、句鑃、錞于、丁宁、悬铃和鼓座等乐器，器类极其丰富。这些瓷器是仿青铜礼乐器用于随葬，属于明器，但其鼎、豆、壶礼器组合，编钟、编磬等乐器组合仍按照青铜礼乐器的组合，明示身份等级。下表为鸿山7座越墓出土的原始青瓷、硬陶器、泥质陶器的数量统计表，这7座墓属于家族墓，从上往下分属六个等级，最高等级的邱承墩属于仅次于诸侯王的大夫，其青瓷数量远远高于陶器数量和其他等级墓葬的青瓷数量，因此原始青瓷虽然比成熟青瓷质量稍差，但是在春秋战国之际仍然属于贵族阶层的用品。邱承墩墓的青瓷品种如此丰富，几乎涵盖了青铜礼乐器及生活用器的各个种类，在春秋战国时期可谓是原始瓷器的梦幻组合，它们的发现填补了中国瓷器发展史中的一项空白。

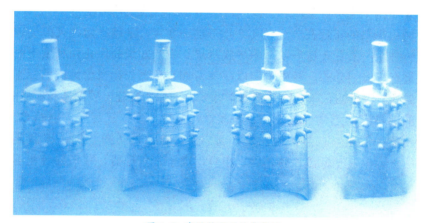

图1-7　春秋越国原始瓷甬钟

墓葬名称	原始青瓷	硬陶器	陶器
邱承墩	581	134	337
老虎墩	153	186	28
万家坟	0	300	219
杜家坟	0	12	60
曹家坟	0	68	23
邹家墩	5	22	14
老坟墩	5	22	25

如此大规模的仿制青铜礼乐器，先进的制瓷技术和大规模陶瓷作坊是必不可少的。2006—2007年，浙江德清火烧山、亭子桥、冯家山等东周窑址的发现，为鸿山越墓的青瓷找到了制作源头。特别是亭子桥窑址发现的青瓷甬钟标本，经成分测试和标本比对，与鸿山越墓的青瓷基本一致，因此亭子桥窑场可能是专为贵族烧制青瓷的带有"官窑"性质的陶瓷作坊。

4 战国窑址及瓷器特点

　　原始瓷窑的发现对研究原始瓷器的烧制水平和地域发展趋势有重要作用。目前考古发现的战国时期制陶窑场很多，如河南洛阳周王城的西北有一处面积较大的窑场，山西侯马的陶窑遗址面积约有1平方里，山东临淄、河北石家庄、陕西咸阳等地都发现有陶窑作坊的遗址。南方越国故地的浙江萧山、绍兴等地保存着烧制印纹硬陶和原始青瓷的窑址20多处，浙江德清的战国窑址就有30余处。中国地域辽阔，各地的地理环境千差万别，材料来源和技术条件不同，生产的陶瓷制品胎釉特点、产品质量均有差异。从目前考古发现来看，战国时期原始青瓷的产地主要集中在东南沿海的百越地区。2008年浙江德清亭子桥战国原始瓷窑址的发掘，是官方烧制仿青铜原始青瓷礼乐器窑址的首次发现。火烧山窑炉是全国迄今发掘的最早利用山坡斜度筑窑烧制原始青瓷的窑炉，为探索龙窑的起源提供了早期证据。龙窑在后世瓷业发展中意义重大。

　　至战国时期，中国陶器的烧制已经历了几千年的发展历程，拉坯技术成熟，因此瓷器制作中成型技术已十分成熟。战国原始瓷器制作是快轮制作，线割器底，并不精修，器型不是很规整。而釉料的制作和使用、窑炉的改进、窑温的控制还处于摸索阶段，因此这个时期高品质的瓷器仍然是奢侈品，硬陶器和泥质陶器仍是生活中的主流产品。

　　目前发现的战国青瓷资料很多，但产品质量参差不齐，少数高质量的青瓷可与东汉成熟青瓷媲美。例如中国国家博物馆藏的战国龙梁提壶（图1-8），1955年浙江绍兴出土，仿青铜器而作，丰肩圆腹，半圆形提梁，底有三只兽形蹄足，胎色灰白，青黄釉薄而均匀，釉面虽薄但很光亮，没有早期

图1-8　战国原始瓷龙梁提壶

青瓷常出现的釉层剥落现象，胎釉结合得很好，是原始青瓷中的佳作。

　　大多数战国青瓷具有明显的时代特点，其釉色、釉质及施釉痕迹都很有特色。釉色多为青绿色、黄绿色和酱色等，与胎体的颜色协调一致。因为战国青瓷胎和釉是用同一种黏土作原料，只是釉里面多加了一种天然熔剂——草木灰。釉层普遍较薄，少量釉厚处有明显橘皮现象，因为这个时期的釉料制作工艺还比较粗糙，草木灰与釉料结合不均匀，只能采用浇釉的施釉方法，表面容易形成聚釉现象，胎釉结合状况良莠不齐，时间长了磨釉和剥釉的现象较多。战国青瓷的纹饰多采用S纹、栉齿纹，也模仿青铜器、玉器上的纹饰。

二、走向成熟
——汉至魏晋南北朝时期瓷器的发展

原始瓷器的烧制在战国晚期秦国兼并战争中逐渐衰落，直到东汉晚期成熟瓷器出现，秦至汉经历了制陶业空前发展的时期。秦汉统一国家的建立和巩固，经济逐步繁荣，社会的变革和生活方式的改变，促使制陶手工业再次步入繁盛期。我们熟悉的秦始皇兵马俑以其众多的数量，仿真大小及复杂的姿态、服饰而震惊世界，这些巨大的陶俑，集全国之力而制造，代表了秦王朝制陶工艺的最高水平。咸阳附近窑址发现的窑炉比战国时期的窑炉有进一步改进，窑床面积增大，且前高后低，防止了前排产品因受热过快而发生倾倒，是一种创造性的技术革新。

秦汉时期陶业兴盛大致有以下几个原因：1. 手工业者的地位提高。秦律规定禁止贵族畜养工匠，从业者可以脱离官府的奴役，成为独立的从业者，并且有一定的迁徙自由。手工业者地位的改善，刺激了包括制陶业在内的民营作坊的发展。2. 铁器的广泛使用，提高了制陶的工作效率。铁器自从春秋晚期出现以后，在战国时期得到快速发展，因其坚硬而有韧性，不易折断的优点，铁制农具和工具很快普及到农业和手工业领域。生产工具的便利大大提高了各行业的生产效率，降低了产品成本，使商品的需求覆盖面扩大，反过来又刺激生产规模的扩大。3. 生活习俗的变化。秦汉时期，漆器和陶器成为日常生活中的主要用品，随葬习俗也从青铜礼器变更为仿青铜礼器的陶制品。古人"事死如生"的观念由来已久，商周时期王侯贵族以生活中的礼乐及实用器随葬，遵循着周王室制定的器物组合等级制度。战国时期"礼崩乐坏"，贵族阶层尽其财富而厚葬，以保证其死后在另一个世界仍能享受富贵。秦汉随葬陶明器习俗的流行，使各种仿青铜礼器的陶鼎、壶、钫、　及陶俑、陶日用器的需求量大增，陶制品的种类不断扩大，涉及生活中的方方面面。例如西汉中期墓中普遍出现陶仓、陶灶、陶灯的模型；西汉晚期还有陶井。东汉时期仿青铜礼器的陶器消失，庄园地主阶层的兴盛，随葬陶器还增加了陶院落、楼阁、车马、水田、池塘、猪圈等。大量陶塑制品的需求，促进了陶工的塑、捏、堆、贴、刻、划等的工艺水平提高，为两晋南北朝瓷器的立体装饰技艺奠定了基础。

　　西汉中期以后，一种有着玻璃光泽釉面的铅釉陶器开始流行。铅釉陶是一种在釉料中加入铅作为助熔剂的釉陶，是汉代制陶工艺的杰出成就。在釉料中加入铅，可以降低釉的熔点，700—800℃火候就可以烧成，同时能增加釉面亮度，使铜、铁着色剂呈现美丽的绿、黄、褐等色，其中以绿釉为多，亮丽如翡翠。铅釉陶器的出现大约与仿青铜礼器的需求有关，铅釉能遮盖陶器粗糙的材质，更接近模仿的效果。铅釉陶器在关中地区率先出现后，便迅速在全国各个地区普及，成为最流行的一种明器，如鼎、壶、仓、灶、楼阁、院落等各类明器。铅釉陶器的大量生产，使工匠们在施釉工艺方面有了不断的实践和摸索，技艺逐步精练。当原料提炼、素胎制作和施釉技法开始完美结合的时候，陶瓷工艺开始出现质的飞跃——成熟瓷器诞生。

1 成熟瓷器的出现

　　东汉晚期成熟瓷器出现之前，原始瓷器的烧制一直在延续，规模和质量并没有明显的改进，但是秦汉时期的原始瓷器与战国时期的原始瓷器还是有很多区别：1. 胎质不同。对胎土原料的处理不精细，烧制后器物胎质比较疏松；胎土中氧化铝和氧化铁的含量增加。氧化铝提高了器物在高温中的烧结度，使器物不易变形；氧化铁能改变胎体的颜色，氧化铁含量越高，胎体的颜色就越深。2. 釉质不同。秦汉时期的原始瓷器施釉较厚，釉料是以铁作为着色剂的石灰釉，氧化钙含量高，高温环境中易稀释流动，容易形成泪痕和聚釉现象。釉色偏深，多青绿色、黄褐色，上釉的部位也缩减为口部、肩部、内底等局部，采用刷釉的方法施釉。3. 成型工艺采用器身和器底分制，然后粘接成器。4. 器型以仿青铜礼器的鼎、盒、壶、钫等为主，少有碗、盘、盅等生活饮食器。这些特点说明秦汉时期的原始瓷器主要还是随葬用器而不是实用器，所以对胎釉的质量要求不是很高。

　　东汉时期原始青瓷的生产主要集中在浙江宁波、上虞、永嘉及江苏宜兴一带。特别是浙江上虞的窑场众多，是原始青瓷的主要产地。东汉晚期，成熟青瓷在这一区域开始出现。浙江地区瓷石矿产丰富，丘陵山坡地貌广阔，水系发达，为窑炉的建造和制瓷原料的开采加工提供了便利的外部条件，具有发展瓷业的地利条件。成熟青瓷烧制成功除了胎料的选择外，窑温的提高是一个必不可少的外部条件。战国时期已经有龙窑出现，东汉晚期浙江地区普遍使用龙窑，并且窑炉结构被改良。首先这种长条形的窑炉一般建在山坡上，利用山坡的斜度顺势修筑，窑身前后形成高度差，火膛同时也是烟囱，氧气充足使火焰温度提高到1200摄氏度以上。窑身加长，扩大了容量，装烧产量大幅增加。同时窑工在实践中学会了通过控制窑温来调节烧成过程中氧化、还原和冷却的时间，以达到预期的釉色和品质，使瓷器釉色青翠、少流釉和开片，胎釉结合紧密，达到成熟瓷器的标准。东汉成熟青瓷烧制成功，是中国陶瓷发展的一次质的飞跃，随后在各地蓬勃发展起来的瓷业逐渐成为商品经济中重要的一项，瓷器也逐渐成为中国民众日常生活中最普遍的一种生活用器，并延续至今。

　　目前有明确纪年墓葬所出土的东汉青瓷有：东汉延熹七年（164年）墓

出土的麻布纹四系青瓷罐；熹平四年（175年）墓出土的青瓷耳杯、五联罐、熏炉；绍兴出土刻有"永安三年"（260年）铭青釉谷仓罐等，这些有纪年判定的青瓷就是早期成熟青瓷的实例。通过考古发掘和研究，生产这些瓷器的窑址也逐渐浮出水面，墓中出土的瓷器产品和生产的窑场可以对应上，其基本来自上虞地区的窑场。

　　东汉晚期的青瓷窑址主要在浙江地区，目前的考古资料有：上虞小仙坛、帐子山、倒转岗；宁波郭塘岙、玉缸山；绍兴车水岭；慈溪上林湖周家岙、桃园等窑址，其中上虞小仙坛窑址在当时是产品质量最好的中心窑场。当时生产的器物主要是生活用器，如罍、壶、钟、罐、熏炉、碗、洗、盘、碟、五连罐等。两晋南北朝时期，南方地区的湖北、江西、福建等地也出现很多烧制青瓷的窑址，形成以越窑为先锋的南方瓷器产区。北方地区因长期战乱，生活不安定，青瓷的烧造开始较晚，目前推测始于北魏晚期，因为这个时期南北方瓷器烧制的水平和产量存在巨大的差异，因此后面我们会分别介绍两晋南北朝时期南北瓷业的特点和发展脉络。

2 南方瓷窑

　　东汉晚期瓷器制造业在浙江地区的出现和发展，带动了江南地区制瓷业的迅速发展。浙江省博物馆陶瓷专家李刚在其《古瓷发微》一书中指出："任何一类手工业制品总是包含着生产与消费两个因素，并且，这互为因果、互相制约的两者间的平衡而协调的关系的维持，决定着它的存在与发展。"即生产者注重营利，而消费者注重实用与美观的统一。因此社会生产力和需求量决定了制瓷业的发展。越窑的规模和发展也是遵循了这个原则。三国东吴时期窑址的数量增加了4—5倍。两晋时期，政局动荡，北方地区战事频繁，大批贵族士人纷纷南迁，带来先进的文化和生产技术，在统治相对稳定的江浙地区，农业和手工业的发展促进了经济的繁荣。人们生活安定，贵族阶层生活用器的需求促进了瓷器制造业的繁荣。这个时期，窑址逐渐遍布东部沿海及长江流域的南方广大地区。浙江宁绍地区形成了一个庞大的瓷窑体系，即后世称为越窑的瓷窑体系，也是六朝时期中国范围内规模最大、影响最广泛的窑场。西晋时期，越窑窑场集中在绍兴、上虞一带，仅上虞境内的窑场就有六七十处。东晋、南朝时期，越窑窑址主要分布于绍兴、上虞、诸暨、萧山、余姚、慈溪、鄞县、临海等地。越窑窑场众多、分布区域广、产品风格一致。南朝晚期，随着厚葬习俗的衰退，陶瓷明器的生产大大削减，窑场数量和规模开始萎缩。

　　对越窑产品的认识一方面来自于窑址发掘中对瓷片的分析，另一方面对器物的整体认识则来自于大量六朝墓葬出土的瓷器实物。这些墓葬主要集中在江苏南京、镇江、金坛；浙江绍兴、宁波一带。南京是东吴，东晋和南朝宋、齐、梁、陈的都城，镇江是京畿区域，这一带是六朝王室贵族、豪门士族、达官显贵的墓葬聚集区，新中国成立以来大批大中型墓葬被发现，出土了大量高品质的越窑青瓷。绍兴、宁波一带是越窑的中心产区，也是大地主、豪族的聚居区，各家族墓地出土了大量越窑青瓷。这些越窑青瓷种类齐全，质量上乘，是六朝越窑产品的实物代表，为我们了解越窑当时的产品面貌提供了资料。这些瓷器虽然都是墓葬陪葬品，但仍可分为生活实用器和明器两大类。常见生活实用器有碗、盘、碟、钵、罐、洗、盆、盘口壶（图2-1）、尊、扁壶、耳杯、杯、托盘、罍、香熏炉（图2-2）、虎子、唾壶、奁、砚、水

图 2-1 东晋青釉盘口壶　　　　图 2-2 西晋青釉香熏炉

盂、灯、烛台、水注等，这些实用器涉及餐饮、文房、盥洗、照明等各个生活领域，也说明了瓷器在生活用器中的地位。明器类有俑、魂瓶、灶、井、鸡笼、猪圈、簸箕、米缸等，营造了墓主人生前富贵生活及庄园经济的立体景象。

越窑在东汉晚期至南朝时期，产品特点也存在一定的差异。三国时期：胎质略松，色偏黄；釉以淡青色为主，少有流釉和剥釉；纹饰简单，多弦纹、水波纹、方格网纹等，晚期出现堆塑造型的谷仓罐（图2-3）。这一时期的主要器型有碗、盘、碟、钵、罐、洗、盆、耳杯、槅、托盘、香熏炉、虎子、唾壶、泡菜坛、水盂等日用瓷器，镳斗、鬼灶、鸡笼、狗圈、谷仓、磨盘、碓等明器。

长江中游地区也是六朝时期南方青瓷的产区，主要集中在湖南、湖北和江西一带。长江中游地区东汉晚期的青瓷发现较少，器形多见于简单的罐和碗，例如湖北当阳、黄冈东汉晚期墓葬中出土的青瓷器。三国时期器形增多，有盘口壶、四耳扁腹

图 2-3 三国青釉谷仓罐

小罐、泡菜罐、盆、盘、耳杯、唾壶、砚、槅（图2-4）、灯、熏、水盂、虎子、俑、仓、灶、井、磨、房舍、家畜圈等。西晋时期器形多动物等立体造

图2-4　三国青釉多层槅

型，例如狮形烛台、鸡首壶、蛙形水盂（图2-5）、人形灯等，出现褐色点彩装饰；东晋时期明器种类减少而生活用器增多，造型和装饰趋于简朴，动物

图2-5　西晋青釉蛙形水盂

图 2-6　南朝青釉鸡首壶

造型明显减少。南朝时期典型器物有：盘口壶、鸡首壶（图 2-6）、细颈瓶、五盅盘、多足砚、多足炉等，壶瓶均较修长，莲花图案成为装饰主流。20 世纪 50—80 年代，湖北地区发掘的近 400 座六朝墓葬中发现了大量青瓷器，主要集中在鄂城地区；江西地区近 80 座南朝墓葬中出土青瓷 400—500 件[1]。这些出土的青瓷代表了当时流行于这个地区的青瓷的面貌，其中小部分青瓷产品来自浙江越窑，大部分则是本区域烧制的。湘、鄂、赣三地的产品在胎质、釉色和流行器型上相近，应属同一体系。目前发现的窑场有湖南湘阴窑、江西丰城窑，湖北地区还没有发现这个时期的窑场。长江中游地区青瓷产品与越窑还是有本质的区别，例如胎土氧化铝含量高而氧化铁含量低，胎色灰白，釉色青绿或青黄，施釉不匀，釉层薄易剥落，整体质量明显低于越窑。

福建地区在六朝时期属偏远地区，但因临浙江和江西，受其影响，青瓷的使用也较普遍。据清华大学美术学院刘逸歆 2006 年论文《福建六朝墓葬出土青瓷研究》统计，福建的六朝墓葬共 150 座左右，其中有明确纪年的约 50 座，最早的为霞浦孙吴天纪元年（277 年）墓，最晚的为晋江霞福陈祯明三年（589 年）墓。两晋时期福建地区的青瓷主要来自浙江和江西，到了南朝中晚期开始独立创烧，并逐步走向成熟。自己独有的器型有单管、双管、四管插器（图 2-7）和莲花造型的烛台、熏炉等。

汉晋六朝时期，成熟瓷器在浙江地区出现以后，南方瓷业快速发展，形成以越窑为中心的发达区并辐射至周边湘、鄂、赣、闽的南方青瓷文化圈，并随着海外贸易外销至东北亚的朝鲜、日本；东南亚的

图 2-7　南朝青釉四管插器

_____

1 吴志红、范凤妹：《江西南朝青瓷略谈》，《江西历史文物》1983 年 3 期。

越南、马来西亚、印尼和泰国地区。受航海技术的限制，早期的海外贸易局限于近海周边国家，特别是朝鲜，距离瓷业发达的浙江较近，在朝鲜半岛发现的六朝青瓷较多，1969 年从南朝鲜忠清南道天原郡出土了青瓷天鸡壶、青瓷四耳壶；20 世纪 70 年代从江原道原城郡法泉里的石椁墓出土了青瓷羊以及金炯泰氏所藏的黑釉天鸡壶，都是两晋时期的越窑器。西汉时期中国和日本之间就有来往，公元 57 年，汉光武帝赐给日本"汉倭奴国王"金印（现藏日本东京国立博物馆）；曹魏时期两国也常有遣使往返。南北朝时期，日本通过朝鲜学习中国文化，并与南朝保持海上交往，有不少中国人经朝鲜移居日本。日本有一件类似东汉晚期五联罐造型的青瓷"须惠器"；奈良法隆寺藏有一件越窑青瓷四系盘口壶，壶底墨书"佛高九寸"，壶内放置丁香香料。这件南朝青瓷可能是唐代留学中国的日本僧人作为盛装丁香的容器带到日本，被认为是"最古老的中国陶瓷传世品"。东南亚国家出土的陶瓷器则多为广东、湖南、福建窑场的产品。

3 北方瓷窑

在南方瓷业如一石激起千层浪般繁荣发展的时候，这股浪潮似乎并没有波及到北方地区，这可能与魏晋以后南北分治、北方战乱频繁，经济发展不稳定有关。对北方青瓷的认识大多来自墓葬出土的瓷器，例如河北吴桥东魏武定二年（544年）毕氏夫妻合葬墓中出土的青瓷长颈四系罐、青瓷六系罐、青瓷碗；山东寿光武定二年（544年）贾思伯夫妻合葬墓出土的青黄釉四系罐；河北磁县武定五年（547年）尧赵氏墓出土的青瓷细颈瓶和酱釉瓶、罐、壶等；河北景县武定五年（547年）高长命墓出土的青瓷碗；河北磁县武定八年（550年）茹茹公主墓出土的青瓷覆莲罐；河北赞皇李希宗墓出土的青瓷碗、青瓷带系罐等；河北景县北朝封氏家族墓群出土有4件青瓷莲花尊；北齐天统元年（565年）崔昂墓出土的唾壶、盘口壶、四系罐；河南濮阳北齐武平七年（576年）李云墓，出土的青瓷罐4件，其中有一件青瓷六系罐（图2-8），河南省博物馆藏，高28厘米、口径18厘米、底径17.5厘米，罐内满釉、罐外半釉，釉厚透明，质感好，划花三角、圆圈、树木等纹饰。这些器物都是典型的北方风格瓷器。

图2-8 北齐青釉六系罐

这些北方地区出土的青瓷器与南方青瓷器对比，二者还是有很大区别，并非南方输入的瓷器。胎质有粗有细，色灰白，整体不如南方越窑产品细腻。釉色青黄或青绿，少量褐色、黑色。釉面多有纹片，器物外壁多施半釉。器型均为日常生活用器，如碗、盘、杯、钵、高足盘、壶、瓶、盆、罐、砚台等。由于北方地区目前发现的北朝窑址不多，这些出土的瓷器虽然可以断定是北方地区烧造的，但并不能一一找到对应的窑口。目前我们发现的窑址也多为北齐晚期，并且主要集中在冀南豫北，山东淄博、曲阜、枣庄、徐州一带，如淄博寨里窑、临沂朱陈窑、河南巩县窑、安阳灵芝窑、河北曲阳涧磁村红土埝窑等。南开大学刘毅教授研究认为：北朝的瓷业起源于北魏末期，东魏和北齐得到很大发展，并且主要集中在东魏、北齐统治区域。西魏、北周统治区域目前没有发现这个时期的窑址，而且像北周武帝孝陵、固原北周李贤夫妇墓这些高等级贵族墓中也没有发现瓷器，说明这个区域的瓷业很不发达[1]。

北方瓷业还有一个重要成就就是率先烧制出白瓷。白瓷的出现是中国瓷器发展史中的重要事件，它不仅仅引领了后世瓷业的发展方向，同时也是彩绘瓷器的基础。目前发现的最早的白瓷器是河南安阳北齐武平六年（575 年）范粹墓出土的白瓷碗、杯、三系罐、四系罐、长颈瓶（图 2-9）等。这些白瓷器虽然与现代白瓷的品质相去甚远，白色呈乳浊泛青，但是其意义深远。

"从东魏墓葬出土瓷器总的情况看，北朝瓷业在发展的初期很少受到南朝制瓷工艺的影响，这种状况一直到东魏北齐之际才发生了变化。此外，从东魏大量的酱褐釉瓷器来看，北朝初创的瓷器并非人们想

图 2-9　北齐白釉绿彩长颈瓶

象中的青瓷而是一种工艺较落后的酱褐釉瓷，北朝瓷业的发展大致是沿着由褐釉瓷派生出黑瓷、青瓷，又在青瓷的基础上创烧了白瓷这样一条道路来发展的。"[2]

---

1 刘毅、袁胜文：《北方早期青瓷初论》，《中原文物》1999 年 2 期。
2 郭学雷、张小兰：《北朝纪年墓出土瓷器研究》，《文物季刊》1997 年第 1 期。

4 瓷器的装饰特点

这个时期的瓷器装饰极具时代特色,一方面延续了汉代生活用器及明器的装饰手法,另一方面也是瓷器装饰艺术从立体装饰向平面装饰并且由繁而简过渡的时期。

东汉末至三国孙吴时期,瓷器常用的装饰手法有刻划、戳印、镂空等,例如湖北鄂州博物馆藏的青瓷熏笼(图2-10),表面有刻划菱格纹和戳印菱形纹,熏的腹部为圆形漏孔;仿生造型,例如青瓷羊(图2-11)、虎子、熊灯;

图2-10 三国青瓷熏笼

图2-11 三国青瓷羊

立体堆塑,例如谷仓罐;釉下褐彩装饰,例如南京雨花台长岗村出土的青瓷褐彩盖壶(图2-12),通体褐彩描绘以神仙和灵兽为主题的纹饰,并间以仙草和云气纹。肩部贴塑4个兽面衔环和2尊端坐莲台有背光的佛像。这件盖壶是目前所见最早的釉下彩绘瓷器,开彩绘瓷器之先河。

西晋时期,刻划几何纹、水波纹流行;印纹主要是以菱形方格纹、连珠纹、花芯纹为主构的纹饰带,用于瓶、罐、壶的肩部或上腹部;镂空装饰多用于香熏器;模印和贴花装饰盛行,堆塑各种人物、动物的谷仓罐增多;西晋晚期出现褐色点彩装饰,多位于口沿、动物眼部。例如湖北鄂州寒溪公路4

号墓出土的青瓷贴塑唾壶（图 2-13），腹部贴塑有铺首衔环、坐佛、兽面、凤鸟等纹饰；湖北鄂城西山 20 号墓出土的青瓷褐彩龙首灯，灯柄部不仅堆贴兽纹和龙纹，釉面还有褐色点彩。

图 2-12　三国青釉褐彩盖壶

图 2-13　西晋青瓷贴塑唾壶

东晋时期，整体上装饰趋于简单，瓷器以素面为主，褐色点彩更加流行，动物形器物简化，镂空装饰基本延续西晋的特点。

南北朝时期，弦纹、菱纹、三角纹仍流行，鸡首壶、虎子、蛙形水注等动物造型的器物更加简化。由于佛教盛行，瓷器装饰中出现大量的莲瓣纹和忍冬纹。莲花有"佛门圣花"的美誉，被抽象为佛教的象征；忍冬纹是一种缠绕植物，又被称作金银花，是佛教装饰的代表，有益寿的寓意。北朝地区瓷器装饰胡风盛行，如连珠纹、兽面铺首的浮雕装饰，例如北齐徐显秀墓出土的鸡首壶和瓷灯（图 2-14）上有相当数量的连珠纹装饰。褐色点彩一直延续到南朝早期，北朝地区则流行绿色彩斑

图 2-14　北齐青釉瓷灯

装饰，如北齐李云墓出土的米黄釉绿斑四系罐（图 2-15），装饰有 6 条从肩部至腹部彩斑。

图 2-15　北齐米黄釉绿斑四系罐

5 宗教特色瓷器

　　佛教传入中国是汉晋南北朝时期对中国文化影响深远的一件事情，从东汉三国时期佛教元素的出现和流行，到东晋时期为高僧法显立传，佛教在中国的传入和确立、融合经历了几百年的过程。佛教进入中国初期，在民间是与神仙信仰、道教信仰杂糅在一起的，成为人们表达愿望的渠道之一。这个时期流行的几种与宗教信仰相关的瓷器产品，往往诸多神、佛、道标志性的符号同时出现在一件器物上，也正是这个时期宗教信仰特色在实物上的体现。

　　魂瓶（图2-16）是汉晋时期长江下游地区流行的一种器型，往往特点是在一个瓷罐的肩部以上堆塑几层立体装饰，其造型比早一些的五联罐更加复杂，并且在罐肩部有明显的凸棱，将堆塑分为上下两层，上层在中心楼阁四周堆附四只小罐或小亭，同时围绕仙佛人像、飞鸟异兽、乐技杂耍等题材；下部罐的颈腹间常常贴塑动物、人像等。这种奇特造型的器物从出现在人们的视野中开始就一直是专家学者研究的对象。四川大学的仝涛博士2006年的博士论文《长江下游地区汉晋五联罐和魂瓶的考古学综合研究》是对这种器物的一次系统研究，他收集了100多件出土实物进行比较研究，发现五连罐和魂瓶最早出现在宁绍地区并广泛出现在氏族阶层的墓葬中，与仓储、祭祀器物摆放在一起，属于明器。魂瓶上堆塑的伎乐人物、胡人、飞鸟、佛像、仙人骑兽、各种动物等等，反映了当时社会生活状况，以及灵魂观念和丧葬习俗，从一种谷仓功能的明器变成寄托灵魂升仙的许愿瓶。魂瓶主要出土于长江中下游地区，主要产自越窑，覆盖范围大致为最北部到达苏北的淮阴，最西部溯江而上到江西的瑞昌，最南端到达福建霞浦。北方地区还没有发现同类型的魂瓶。宋元时期，江西地区流行一种堆塑青白瓷瓶，有的自铭"粮罂瓶"、"东仓"、"西库"，应该是这个时期魂瓶的一种延续产品。

图2-16　三国青釉魂瓶

　　青瓷莲花尊是南北朝时期特有的一种青瓷

器，其器型较大，高40—85厘米，外表装饰繁复的贴塑仰覆莲瓣纹及飞天、宝相花、团龙等纹饰，南朝地区在南京、武昌等地有出土，北朝地区在山东淄博、河北景县、河南上蔡等地有出土，是南北朝时期南北方都流行的一种器型。目前所知的世界各地博物馆收藏的青瓷莲花尊有18件，均为青釉，个别青黄釉，学者研究发现南北方的窑场均能烧制莲花尊。

以国家博物馆所藏1948年出土于河北景县封氏墓的青瓷莲花尊为例（图2-17），该尊有盖，通高63.6厘米，从颈部到圈足大约10层贴塑装饰，分别

图2-17　南朝青釉莲花尊

为宝相花、团龙、两层覆莲、一层忍冬纹，一层大覆莲、两层仰莲、两层覆莲，整个表面装饰层次分明，立体感强烈，精致华美，庄重神圣。这件莲花尊属北方青瓷系统，出自北朝渤海望族封氏家族墓群，一共出土有4件。封氏家族兴起始于封弈的五世孙封释，其在西晋怀帝时官至东夷校尉，后因"永嘉之乱"，封释带领族人迁居河西，归附于鲜卑慕容氏政权。鲜卑拓跋氏统一北方建立北魏之后，封氏家族也顺应历史潮流归附了北魏。封氏墓出土的瓷器也代表了当时贵族阶层用器。

青瓷莲花尊的出现标志着制瓷工艺达到了一个前所未有的高度，同时也体现出佛教信仰对社会生活的深刻影响。莲花有"佛门圣花"之称，被作为佛教的象征。佛教自汉代传入中国后，中华大地经历了近400年的纷争、战乱、分裂、融合，百姓生活在一个苦难深重的时代，佛教在统治者的扶持下，凭借其抚慰心灵的力量得以快速传播，在大江南北、长城内外生根发芽。佛寺僧侣众多，甚至因为佛教寺院不断扩大，占据了大量的田地，佛教僧侣不税不征，和封建国家争夺着劳动力和军队来源，直接触犯到了封建国家的经济政治利益，北方地区经历了北魏太武帝、北周武帝两次灭佛。但是北齐和南朝的佛寺持续兴盛，南朝梁时佛寺多达2000多所，梁武帝萧衍把佛教尊为国教。1972年南京灵山南朝梁代大墓出土一对青瓷莲花尊，一高85厘米，一高79厘米，是目前我国所发现的最大、最精美的六朝青瓷器，号称"青瓷之王"，也是梁朝佛教兴盛的体现。

褐彩羽人瑞兽贴塑佛像青釉盖壶（见图2-12）于1983年南京雨花台区长岗村出土，墓葬年代为孙吴末年至西晋初年，壶通高32.1厘米、口径12.6厘米、腹径31.2厘米、底径13.6厘米。这件瓷器的独特之处在于其为最早

的釉下彩绘，并有繁复的彩绘和贴塑装饰内容。整个器物从上到下满饰纹饰，鸟回首造型盖钮四周绘两柿蒂纹及四组人首、鸟、仙草图案，罐身颈部绘异兽7只，肩部贴塑四铺首、两坐佛、两共命鸟；腹部绘两排持节羽人，共有22人，高低交叉排列，间以仙草和云气。这件彩绘盖壶自出土后20年未见其他同类型瓷器出土，直到2002年7月在南京市秦淮河南岸船板巷旁的工地发现了一件褐彩带盖双领罐（图2-18），罐有4个鸟形系，并有褐色点彩。肩部相间贴塑衔环铺首4个；通体釉下用黑褐彩彩绘，领口内绘卷云纹和变体龙纹，领口外绘折线纹，内有"十"字形纹和云纹。肩部绘一周覆莲瓣纹，内

有"十"字形纹。下腹近底处为一周卷云纹。腹部主题花纹分三层，每层有8个圆形纹样，内有铺首、鸟、瑞兽、变体龙纹、芝草、珍禽等纹样。2004年南京大行宫地区又发现了几件同类型的瓷器，其中一件盘口壶较完整，贴塑铺首和佛像，满绘瑞兽、云气、莲瓣、仙草等纹饰。这几件孙吴后期至西晋初期的彩绘青瓷器制作精致，出土于孙吴都城高级贵族墓葬或宫苑区域，学者研究这种稀少而独特的釉下彩绘瓷器在孙吴晚期创烧

图2-18 三国青釉褐彩盖罐

可能与孙吴后期自宫内兴起的奢靡风气相关，是宫廷所用之器，彩绘内容是当时流行的祥瑞图案，"孙吴政权偏安江东一隅，较之曹魏、蜀汉其法统似最缺乏正当性，故特别看重所谓'祥瑞'之兆，着力制造'天命归吴'的舆论。史籍中关于孙吴'祥瑞'的记载屡见不鲜，孙吴所行的十八个年号中至少有'黄龙'、'嘉禾'、'赤乌'、'神凤'、'五凤'、'甘露'、'宝鼎'、'凤凰'、'天册'、'天玺'、'天纪'十一个与'祥瑞'有关"[1]。这种满饰彩绘瓷器西晋后迅速消失，成为昙花一现的精彩品种，可能因孙吴晚期宫廷的特别需求而突然勃兴，又因其政权的覆亡而突然消失。

---

1 王志高、贾维勇：《南京发现的孙吴釉下彩绘瓷器及其相关问题》，《文物》2005年5期。

三、南青北白
——隋唐五代瓷业初具规模

以越窑为首的南方青瓷引领了中国瓷业几百年，到唐代形成了一个新的格局，陶瓷学界称为"南青北白"，即南方继续大量出产青瓷，浙江越窑、瓯窑、婺州窑，湖南长沙窑、岳州窑，四川邛窑，江西洪州窑以及安徽、福建、广东、广西等广大南方地区都有不同规模的青瓷窑场，越窑的秘色瓷成为南方青瓷的领军品牌。北方则开始大量烧制白瓷产品，邢窑成为代表性的窑场，白瓷开始挑战青瓷的传统地位。五代时期，以陕西耀州窑为代表的北方青瓷在烧制水平上可与越窑青瓷媲美，成为后世取代越窑青瓷的生力军。而花釉、绞胎、青花、彩釉等新品种出现，为后世瓷业百花齐放的局面奠定了基础。

1 承上启下——隋代瓷器

隋朝是隋文帝杨坚在北周政权的基础上建立起来的统一政权，仅延续了38年。统一政权的建立，使南北的经济往来畅通频繁，作为商品的瓷器开始在南北流通，瓷业的发展也逐渐均衡，主要体现在北方瓷业的快速崛起。从目前考古发掘的情况看，以安阳为中心的关东地区，以西安为中心的关西地区，以济南为中心的黄河下游地区瓷器生产得到长足发展，青瓷质量不断提高，北齐时期北方青瓷胎质粗厚、釉层厚薄不均的状况得到改善。

隋代是白瓷开始增多并发展的时代。自从北齐武平元年（570年）安阳地区范粹墓出土的9件白瓷器被认定为目前最早的白瓷以来，对北方地区白瓷的起源与发展的研究一直是学者关注的问题，虽然还没有发现烧制这些白瓷器的窑场，但大多数学者认为可能产自河南安阳相州窑或河南巩县窑，这两个窑场在北齐时期以烧青瓷为主，有少量白瓷。隋代烧制白瓷的窑址目前发现不多，隋代白瓷的面貌主要通过目前已发现的隋代墓葬出土白瓷器来呈现。例如：

开皇十五年（595年）河南安阳张盛墓出土白瓷器70余件；

仁寿元年（601年）陕西咸阳元威夫妇墓出土白瓷器6件；

大业元年（605年）陕西西安李裕墓出土白瓷11件；

大业四年（608年）陕西西安李静训墓出土白瓷器约6件；

大业四年（608年）陕西西安苏统师墓出土白瓷器5件；

大业六年（610年）陕西西安姬威墓出土白瓷器3件；

大业八年（612年）河北曲阳尉仁弘墓出土白瓷器1件。

隋朝的统治时间是581—618年，以上墓葬出土白瓷基本代表了隋代白瓷从早到晚的发展过程。早期张盛墓虽然出土白瓷数量最多，但是这批瓷器在釉色上还带有若干青瓷的特征，一度被认为是青瓷产品。随着早期白瓷资料的增多，这批隋代早期的白瓷产品才被重新认识和定位，例如该墓出土的白釉龙柄象首壶（图3-1），龙形柄象首流，造型独特，褐色瓷胎质地较粗，白釉泛灰，釉面光亮，可见白瓷的烧制工艺此时已有较大进步。而元威夫妇墓出土的6件白瓷，胎质细白，施化妆土，内外皆施釉，底无釉。釉色纯净透明，积釉处呈水绿色，代表了早期精品白瓷制作水平。李静训墓的双龙柄白瓷传瓶（图3-2）和白瓷鸡首壶、苏统师墓的白瓷杯，是隋代中期白瓷器的杰作。李静训为皇室，其外祖母杨丽华是隋开国皇帝杨坚之女，她深受外祖母宠爱，9岁不幸夭折，厚葬于离宫城不远的万善尼寺内，其墓中随葬的白瓷器，也是宫中所用之器。双龙柄白瓷传瓶造型奇特，双腹相通，共长颈和盘口，双龙柄如二龙探首吸取琼浆，如此精美造型的瓷器在前世的青瓷产品中也未见。苏统师墓的白瓷杯内外满釉，釉面细腻有光泽，绝妙的是其器壁最薄处仅1毫米，几乎脱胎，均匀的釉色下达到了光照见影的效果，如此精美的产品，初步判定为邢窑产品，说明隋代中期，北方邢窑的制瓷技术已经快速发展，白瓷产品的质量大大提高。尉仁弘墓出土的白瓷盘口瓶，胎色灰白，施化妆土，釉色细腻有小开片，是隋代晚期的代表作品。

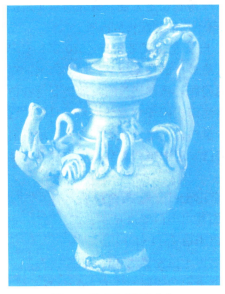

图 3-1　隋白釉龙柄象首壶

图 3-2　隋白釉双龙柄传瓶

　　隋代瓷业的发展主要表现在北方瓷业的迅猛发展，其中白瓷产品的增加为唐代白瓷器的盛行奠定了基础。白瓷胎色较白，釉色白中微泛蓝。化妆土的使用，使白瓷发展有了质的飞跃。小型器物如碗、杯内外满施釉，大型器物如罐、瓶外壁一般施釉不到底。圈足多为假圈足，底微内凹，一般不施釉。河南安阳相州窑、河北邢台窑、河北邢窑、河南荥阳窑是白瓷主要生产地，其中以邢窑出土的精细白瓷为最。

　　隋代瓷器的器型多继承了南北朝时期的造型，仍流行鸡头壶、盘口壶、四系罐、盘口罐、盘口瓶等，新出现盘口四系瓶、八棱形短嘴壶、龙柄双身瓶等，器型的变化基本上是从矮小向瘦长方向发展。装饰风格多为印花、划花和贴花，流行朵花纹、草叶纹、几何纹、莲瓣纹、卷叶纹、波浪纹等。

2 白瓷始兴——邢窑

邢窑位于河北邢台市所辖的内丘县和临城县祁村一带，北朝后期开始烧制青瓷，隋末唐初成功烧制出胎质坚硬细腻、釉色洁白莹润的白瓷，成为唐代著名的瓷器窑场，与南方的越窑并驾齐驱，形成南青北白的瓷业格局。

邢窑之名始见于唐代文献。《大唐六典》中有关于邢窑器被作为贡品送至唐王朝宫廷的记载。陆羽在《茶经》中以一个茶人的角度对当时瓷器的评价是"邢瓷类银，越瓷类玉"，把邢窑瓷器与越窑瓷器相提并论，说明当时邢窑瓷器的地位已经和越窑平分秋色了。

邢窑创烧于北朝晚期隋朝初期，以烧青瓷为主；隋代至唐初是青瓷向白瓷的过渡期，以生产粗白瓷为主，有少量细白瓷器。唐代前期和中期，是邢窑的全盛期。唐朝的经济稳定、科技进步、文化繁荣都为陶瓷技术的进步和创新提供了条件。随着白瓷产品质量的提高，人们对白瓷的喜爱似乎超越了青瓷，宫廷的喜好也指导了富人阶层对时尚追求的方向，社会需求量的增加促进了邢窑高品质白瓷器的生产，南青北白的局面几乎持续了整个唐代，大多数邢窑精品白瓷都出自北方贵族墓葬，而南方墓葬随葬瓷器仍以青瓷为主。晚唐至五代时期，由于社会动荡，优质原料接近枯竭，邢窑开始衰落，仅仅生产一些粗白瓷。随着宋代定窑的崛起，唐代名窑——邢窑从此销声匿迹。

邢窑白瓷，胎土色白细洁而坚硬，釉润而略带乳白色，胎釉之间有一层护胎釉。胎体略显厚重，釉厚，施釉有不及底和及底两种，平底无釉，使用蘸釉工艺。邢窑白瓷质朴素净，没有任何花纹装饰。

唐代邢窑白瓷分三个等级，细白瓷是供宫廷及贵族阶层使用的，因而是邢窑白瓷产品中质量最好、产品数量较少的品种，使用淘洗过的细腻瓷土，整个制作过程工艺要求严格，一般使用匣钵装烧，一器一匣钵，不受其他器物的影响，使产品的质量和烧成功率得以保证。细白瓷常见的有碗、执壶、高足杯、罐、皮囊壶、盒、唾壶、骑马俑等。细白瓷多出土于陕西西安地区唐代宫殿、寺庙遗址及高级贵族墓中，例如唐大明宫太液池遗址出土的白瓷碗、盒、盘、注壶；大明宫遗址出土的"盈"、"翰林"款白瓷罐；西安法门寺地宫出土的白釉瓷碗、白釉瓶（图3-3）；唐长安西明寺出土的"盈"字款白瓷大碗；故宫博物院藏白釉瓷罐（图3-4）等，都是邢窑的细白瓷产品。特

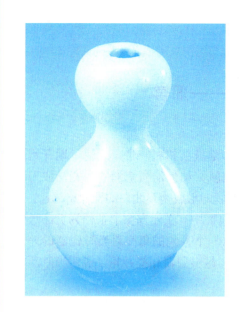

图 3-3　唐白釉瓶

图 3-4　隋白釉罐

别是有"盈"、"翰林"字款的瓷器，更是邢窑细白瓷器中备受关注的产品。"盈"字款瓷器在学者中有几种观点：一种认为是进奉朝宫廷"大盈库"的贡瓷。"大盈库"大约设置于天宝四年（745 年），储存珍宝奇货及赋税所入盈余。库内财物供皇帝宴私赏赐。一种认为"盈"字为作坊号或产品标识。因此，关于"盈"字款的真正含义，目前还是一个谜。"翰林"款的瓷器目前均认为与玄宗开元（713 年—741 年）初年设置的翰林院有关，是专供瓷器，所以"翰林"款白瓷的烧造年代不会早于开元。

图 3-5　唐白釉柄杯

一般白瓷的消费者主要是普通官吏和商贾阶层，比细白瓷稍粗，胎较厚，色灰白。釉色均匀略泛黄，内满釉，外壁施釉及底或半釉，多上化妆土，一般使用匣钵叠烧。唐晚期细白瓷的使用更广泛，江苏徐州奎山唐墓出土的一件白釉柄杯（图 3-5），完全模仿金银器造型，造型工整，胎体轻薄，釉色纯正，是一件唐晚期邢窑的精品。

粗白瓷是邢窑面向普通大

众的产品，制作相对粗糙，胎质相对疏松多杂质，色偏黄，施化妆土，多施半釉，釉色不均匀，多为供普通老百姓日常使用的器皿，以日用平底小碗为多。底部多残留支钉痕迹，由于对质量要求不高，大多数粗白瓷不使用匣钵，直接在窑炉中支垫叠烧。

唐代是一个开放的时代，随着丝绸之路的繁荣，外来文化带来的冲击体现在人们生活的各个方面。邢窑作为唐代成长繁荣起来的手工业窑场，吸收外来文化进行创新，是其适应时代需求的体现。一批具有少数民族特色的器物和仿金银器造型的器物开始出现，例如皮囊壶，穿带扁壶，凤首瓶（图3-6），花口碗、盘、盏托，环耳杯、高足杯、长颈瓶等。以凤首瓶为例，这种源自西亚金银器造型的瓷器，曾被称为胡瓶，在唐代丝绸之路商队骆驼（图3-7）身上，常常能见到类似的器物。胡瓶传入中国后，唐三彩、瓷器都有仿制，同时又融入了中国传统文化的内涵，是中西文化完美结合的典范。

图 3-6 唐邢窑白釉凤首瓶

图 3-7 唐三彩载物骆驼

唐代邢窑除了烧制白瓷，同时也烧制黄釉瓷、黑釉瓷、酱色釉瓷、三彩釉陶及少量的青釉瓷，器型主要有碗、盘、杯、瓶、罐以及壶、钵、炉、盆、盒、盂、砚等，还有动物瓷塑和大量陶俑、镇墓兽等。这些各种釉色、形制多样的器物构成了邢窑产品的类型。这些丰富多彩的产品，是当时社会生活方式、工艺水平和审美情趣的反映。

3 秘色入心——青瓷纯熟的越窑

"九秋风露越窑开，夺得千峰翠色来。好向中宵盛沆瀣，共嵇中散斗遗杯。"唐代诗人陆龟蒙《秘色越器》一诗给人留下一个千年的遐想，什么是秘色瓷？虽然越窑窑址的发掘一个接一个，越窑青瓷的出土也越来越多，但是谁也无法定位怎样的越器为秘色瓷。这个千年谜团终于在1987年随着陕西法门寺唐代地宫的发掘而被解开。

法门寺始建于汉，原名为阿育王寺，隋代始称法门寺。唐代宗大历十三年（778年）的碑铭记载此时的法门寺已是李唐的皇家寺院，后历代翻修更名，香火一直持续到民国。1981年因塔身坍塌，才开始对废墟进行清理与发掘。唐代塔基地宫出土的13件有《衣物帐》记录在册并且名为秘色瓷的碗（图3-8）、盘、瓶、碟让陶瓷学界兴奋不已，这个中国陶瓷史上最早也是最具体的实物与文字记载相对应的旧藏，揭开了秘色瓷器的神秘面纱。这批封存于咸通十四年（874年）《衣物帐》和卒于中和元年（881年）的陆龟蒙诗句《秘色越器》，当是"秘色"一词最早的文字资料。

图3-8 唐秘色釉碗

秘色瓷实物的发现，立即引起了陶瓷学者的关注，大量研究和探讨文章纷纷出炉，关于何为秘色瓷的观点也是众说纷纭。因为法门寺出土的这批秘色瓷器，虽是皇家贡器，品质优良，但釉色青绿、青黄、青灰皆有，以前对

"秘色"从釉色上的猜测似乎不成立。其实从宋代开始，对"秘色"之意的探讨就已经开始了。宋代曾慥《高斋漫录》中说："吴越秘色瓷，越州烧进，为供奉之物，臣庶不得用，故云秘色。"这是对五代时期秘色瓷的解读，因为五代吴越国钱氏王朝对统治区域内的越窑具有掌控权。北宋末、南宋早期赵令時的《侯鲭录》中记载："今之秘色瓷器，世言钱氏有国，越州烧进为供奉之物，不得臣庶用之，故云秘色。比见唐《陆龟蒙集·越器》诗云：'九秋风露越窑开，夺得千峰翠色来。好向中宵盛沆瀣，共嵇中散斗遗杯。'乃知唐时已有秘色，非自钱氏始。"可见在宋代对秘色瓷就有不同观点。今学者对于秘色瓷也是各抒己见，有的认为是区别于越窑常见青中泛黄釉色的另一种青中泛湖水绿的一种高品质越瓷；有的认为秘色之"秘"通"密"，与当时信奉的密教有关，所以仅在法门寺供奉帐中出现；有的认为"秘色"只是对青瓷釉色赞叹的文学描述，是对越窑优质青瓷的爱称。对"秘色"之解读虽有不同见解，但秘色瓷作为高档瓷器贡于王室贵族是没有非议的。五代吴越国时期当是"秘色瓷"生产的鼎盛时期，《十国春秋》卷七十九《吴越·文穆王世家》记载，钱元瓘在位时，曾给后唐朝廷进贡了"金棱秘色瓷器二百事"；他死后随葬秘色瓷 10 余件，其妻马氏墓随葬秘色瓷 44 件[1]。吴越国晚期钱弘俶统治时期，与北宋有 18 年交叉，浙江省博物馆陶瓷专家李刚认为这个时期是越窑的极盛期，官府控制的制瓷作坊的范围扩大。宋太祖、太宗两朝的《供奉录》记载钱弘俶进贡了 14 万多件金银饰陶器，宋太宗元德李皇后陵出土的越窑青瓷器（图 3-9）就是这个时期越器的真容，其精巧的制作工艺、晶莹的釉色、流畅的刻划纹饰，让秘色瓷达到了莹润如玉、青翠入心的境界。

越窑自东汉晚期创烧以来，经历了东吴、两晋、南朝、隋和初唐、盛唐的发展，中晚唐逐渐进入了辉煌时期，五代吴越时期达到鼎盛。

再观陆龟蒙的诗句"九秋风露越窑开，夺得千峰翠色来"，其对越窑窑场的兴盛场景描述：当越窑开窑之际，堆积在各窑场的刚出炉的青瓷远远看去如同"千峰翠色"，可谓壮观。

图 3-9　五代越窑秘色釉套盒

---

1 杭州市文物考古研究所、临安文物馆：《五代吴越国康陵》，《文物》2014 年 6 期。

4 诗意随性——民窑经典长沙窑

"君生我未生，我生君已老，君恨我生迟，我恨君生早。"如此深情表达忘年情的诗句直接写在瓷器上，不要以为是现代人的浪漫，这是唐代长沙窑瓷器诗句中的一首。在瓷器上刻写诗句，是唐代长沙窑最独特的装饰方法，在已发现的几百件器物上题写的各种诗句，基本属于流行在市井巷里的歌谣，是生活中最淳朴的情感表达。

长沙窑的烧造年代约在唐至五代时期，是在岳州窑的基础上发展起来的，窑址区位于湖南望城县铜官镇湘江沿岸，亦称铜官窑。长沙窑兴起的时间，正是唐代经济文化发展的鼎盛时期。唐代丝绸之路畅通，中西文化交流频繁，西亚文明对中原文化产生巨大冲击，人们生活观念、审美意识的改变表现在各个方面，绘画、手工业制作中更多的追求色彩鲜艳、富丽堂皇的风格，陶瓷业中唐三彩产品在长安、洛阳地区的迅速兴起，正是时尚观念的改变在京都地区率先出现的表现。长沙窑正是在这样的时代背景下发展起来的，因此其产品风格吸收了唐三彩、西亚艺术、佛教艺术的诸多要素，是一种紧跟时尚的民用产品，满足了普通平民对时尚的追求。

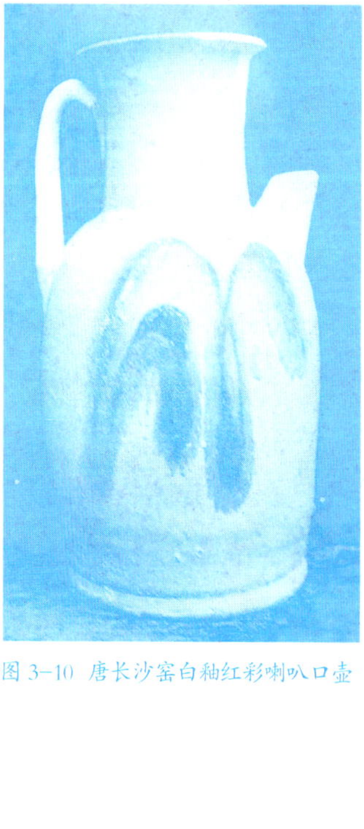

长沙窑的瓷器主要是民用瓷，瓷土淘洗不精，胎质稍粗，色灰白或浅褐色，胎壁一般由厚重趋向轻薄，并追求金属器的效果，例如器盖和器底有折叠式造型。釉色方面，早期继承了岳州窑的特色，多烧制青釉瓷器，大约在唐末"安史之乱"以后，开始烧制青釉褐彩、青釉绿彩、青釉红彩、白釉（红）绿彩等，成为中国首个彩瓷窑。高温铜红釉的成功烧制是长沙窑对中国瓷器发展的一大贡献。1983年在长沙窑发掘中，位于新河与湘江交汇处河滩的蓝岸嘴3号探方出土4件白釉红彩喇叭口壶（图3-10）和2件窑变红釉器，年代大约在中晚唐，说明长沙窑已经掌握利用高温铜作着色剂，生成铜红釉彩的技术。长沙窑的器物主要是生活日用品，主要有壶、碗、

图3-10 唐长沙窑白釉红彩喇叭口壶

罐、洗、盒、瓶、盘碟、水注、灯、烛台、盂、杯盏、器盖、盆、炉、枕、唾盂等，其次是文具和生产工具，有镇纸、笔桥、纺轮、碾轮与碾槽、盏托、网坠、碾臼、擂头与柞棒等，还有一些人物俑和动物瓷塑。

长沙窑最有特色的装饰方法是釉下彩绘（图3-11）及模印贴花（图3-12）。唐代中原地区因厚葬之风流行起来的唐三彩，虽然是釉陶产品，但其

图 3-11　唐长沙窑彩绘青釉罐

图 3-12　唐长沙窑模印贴花注壶

绚丽多彩的彩釉技术开创了多色彩釉之先河，长沙窑最先吸收这种彩釉技术用于瓷器生产，也是唐代最早大规模生产釉下彩瓷器的窑口，是中国彩瓷的发源地。长沙窑釉下彩绘常见颜色主要有褐色、绿色、蓝色三种，褐色彩斑和褐色彩绘花鸟、植物纹比较常见，画法为随意涂洒。诗句装饰是长沙窑最具特色的一种釉下装饰，行楷居多，随意洒脱，一般写在盘碗的内底及壶流下面的外腹部，有诗歌、谚语、格言、警句等内容，目前发现的此类器物200余件。例如描绘春景的五言诗"春水春池满，春时春草生，春人饮春酒，春鸟弄春声"（图3-13）；言情七言绝句"日红衫子合罗裙，尽日看花不厌春。更向妆台重注口，无那萧郎悭煞人"；

图 3-13　唐长沙窑青釉诗句壶

格言"仁义礼智信"等，都是湖南省博物馆收藏的唐代长沙窑瓷器上诗句。这些朴实自然、感情真挚的平民诗，大部分是不见于记载的民间诗歌，是唐代百姓生活的真实写照，也是唐代诗歌文化深入百姓阶层的反映。

模印贴花是长沙窑另一种独特装饰技法，所贴纹饰是单独用印模制作，然后在半干状态下贴于器物所需部位，一般还涂上褐色以突出此贴花，然后上釉烧制。这种装饰方法有学者认为是模仿唐代金银器上鎏金錾花的纹饰，贴花图案常见花鸟、双鱼、狮子、佛塔、舞乐胡人、武士、菩萨、山水等，多西亚风格图案和佛教元素图案。湖南省博物馆瓷器专家李建毛先生研究发现，长沙窑瓷器造型受波斯萨珊和粟特金银器影响，而装饰图案多来自于波斯织锦，例如连珠纹、方圆几何纹、对鸟、对兽、鹿、狮子等，都是波斯织锦上常见的图案；而双鱼、童子莲花、佛塔、菩萨、八宝等图案都是佛教常用图案。长沙窑瓷器大量模仿金银器和使用西亚图案一方面与唐代流行西域风有关；另一方面，与长沙窑瓷器主要用于外销有关，在后面关于唐代瓷器外销的章节我们将具体谈及此话题。

长沙窑在中国陶瓷史上占有举足轻重的地位，是我国第一座彩瓷窑并首创高温铜红釉，其产品是最早集中西文化元素于一身的外销瓷。长沙窑是典型的民用窑，名不见经卷，然而恰恰是因为它是不受任何约束的民用瓷器窑场，才成就了长沙窑瓷器粗犷、诗意、随性的特点，与精雕细琢的高品质瓷器形成鲜明的对比，成为当今追求洒脱、禅意之美的陶瓷艺人模仿的对象。

5 创新工艺——唐代花釉和绞胎瓷器

花釉瓷器又称"花瓷",是唐代北方陶瓷生产的创新品种,也是可与长沙窑彩瓷相媲美的另一种风格的彩釉瓷器,其色釉效果为斑斓变幻、彩韵夺目,颇具创意,其窑变花釉与斑点装饰都对钧瓷艺术产生了深刻影响,因此唐代花瓷又被文玩界戏称为"唐钧"。

北京故宫博物院收藏有一件传世的花釉瓷腰鼓(图3-14),鼓长58.9厘米,鼓面直径约22.2厘米。两端圆柱形,中部收腰,鼓身有凸起弦纹七道。

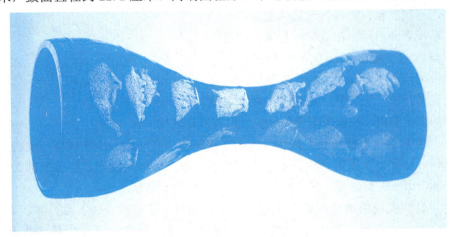

图 3-14 唐花釉腰鼓

内外施黑釉,外部黑色釉地上有几十块淡天蓝色斑块装饰,整体效果静穆绚丽。唐代南卓《羯鼓录》一书中记载了唐玄宗李隆基与宰相宋璟谈论乐鼓时说:"宋开府景虽耿介不群,亦深好声乐,尤善羯鼓,始承恩颐,与中论鼓事,曰'不是青州石末,即是鲁山花瓷'。捻小碧上掌,下须有朋肯之声,据此乃是汉震第二鼓也。且鬓用石末花瓷,固是腰鼓,掌下朋肯声,是以手拍,非羯鼓明矣。"这里明确指出了花瓷腰鼓最有名的是鲁山窑生产的,说明在唐代,鲁山花瓷已经声名远播。顺着这条线索,故宫博物院陶瓷专家李辉柄和李知宴先生在1997年对河南鲁山窑进行的第二次调查中,终于在鲁山窑段店村的窑场遗址中找到了5片花瓷腰鼓残片,其胎色、厚薄、凸弦纹和花斑纹饰与故宫所藏腰鼓完全相同,证实了文献记载的真实性。现存的唐代花瓷腰鼓实物仅有北京故宫博物院这一件藏品，上世纪90年代市场出现的花瓷腰鼓多为仿制品。

唐代花瓷产品除了腰鼓以外，还有罐、执壶（图3-15）、花口瓶、蒜头瓶、葫芦瓶、穿带瓶、盘、钵等，多出土于河南地区的唐墓中。考古工作者也发现了6处烧制花瓷的窑址，主要在河南地区，如河南鲁山窑、郏县黄道窑、内乡大窑店窑、禹县下白峪窑，另外还有山西交城窑、陕西耀州窑唐代地层。唐代花瓷多为生活实用器，器型丰满庄重，施釉不到底。

图3-15　唐花釉执壶

花釉瓷的艺术特色主要是其釉面装饰，即在黑釉、黄釉、天蓝釉上泼洒一些蓝釉或者灰白釉，在烧制时利用不同釉色间进行的交融流动变化，以自然的"窑变"来代替传统陶瓷上的花纹装饰，为美化瓷器开辟了新境界，是我国迄今发现最早的窑变釉瓷，在我国陶瓷发展史上占有重要地位。

绞胎器就是把两种不同颜色的胎土相间揉合在一起，拉坯成型，或切片镶拼、贴花、模压等，使器表形成一种类似木纹一样的纹理。然后上釉入窑烧制，即成绞胎瓷器。这是唐代出现的一种瓷器制作新工艺。

目前发现的唐代绞胎器数量并不多，器型主要有枕、碗、盘、杯、罐、盂、俑、器盖等，多为小型器，出土于唐墓或遗址中，也有少量传世品。

图3-16　唐黄釉绞胎盂

1952年，陕西咸阳唐代杨谌臣墓出土了一件黄釉绞胎盂（图3-16），这是最早发现的一件绞胎器，墓葬纪年为唐开元二年（714年）。2000年后，内蒙古发现两处出有绞胎器的重要遗址——集宁路和燕家梁。

收藏唐代绞胎器最多的博物馆是上海博物馆，大约有8件，其中有一件黄釉绞胎长方形小枕，枕高5.8厘米，长12.5

厘米，宽9厘米，系采用五块完整的绞胎泥片和一块白泥片粘接而成，通气孔开于左侧，釉色较深，是一件不多见的唐代绞胎枕。

20世纪70年代发掘的河南巩县黄冶窑是烧制绞胎器的主要窑口，其他还有山西浑源窑、河南荥阳茹崮窑、陕西铜川黄堡窑等。绞胎瓷器的产生有几种不同的观点，有模仿犀皮漆器说、模仿瘿木器说、模仿西方玻璃器说。唐代绞胎器的出现不管是模仿哪种纹饰，其流行的中晚唐时期都是厚葬风盛行的时期，应当是适应陪葬需求而制作的，因此主要产自如黄冶窑这样烧制三彩器的窑场。

唐绞胎器与唐三彩一样，均以高岭土作胎，因烧成温度不高，胎色白中带粉红。作器的胎泥有白、褐混合或白、黑混合。施低温黄釉、绿釉或三彩釉，施釉多不到底。绞胎花纹有粗有细，有木头纹理纹、"几"字形曲折纹、团花等，其中团花又有朵梅、如意运纹、菱花纹等。制作技法有整器使用胶胎拉坯成型和镶嵌贴面两种。

绞胎陶瓷器唐代创烧，中晚唐盛行，多为随葬器。少量随外销产品输出至日本、朝鲜半岛。宋代绞胎器仍在流行，多为生活实用器，一般器物主体为绞胎，而器口和器足用白胎拼接，绞胎纹饰多为羽毛状。元明以后绞胎器逐渐消失，1988年出土于江苏泰州的绞胎罐和绞胎壶是目前仅见的两件明代绞胎器。

6 青花始现——唐青花

青花瓷是明清瓷器的主要品种，无论官用还是民用，青花瓷器都是最常见的。20世纪后期，元代青花瓷在国内偶有发现，数量不多，国内学者把青花瓷的兴起聚焦在元末。自从中国学者在土耳其托普卡比博物馆发现大量中国烧制的精美元代青花瓷器以后，国内兴起了对元青花及青花瓷起源研究的热潮。

关于青花瓷器的起源最早可追溯到唐代。定义青花瓷器有两个必要条件：釉下彩工艺和使用钴料进行彩绘的工艺。南北朝时期是釉下彩绘的萌芽期，唐代长沙窑的釉下彩绘已经相对成熟，而钴料的使用，最早出现在唐三彩的彩釉中。

1975年，江苏扬州一处唐城遗址的发掘中，出土了一块青花瓷片（图3-17），长约8.5厘米，宽约7.6厘米，厚0.6厘米，胎色灰白，青花纹饰为点状叶纹和菱形纹，出土地层为晚唐。这块小小的瓷片在陶瓷学界引起了轰动，因为它把青花的起源一下子拉到了唐代。1983年，在扬州几处唐代城址中又陆续发现20多块白釉蓝彩瓷片。1985年在北京召开

图3-17　唐青花瓷片

的国际陶瓷研究会上，唐青花的发现成了会议的热门话题，并被学术界誉为是新中国成立以来考古事业的十项重大成就之一。

唐青花概念的确定，让香港大学艺术博物馆1943年收藏的一件青花条纹三足炉（图3-18）脱颖而出。这件被收藏了几十年的瓷器一直不被认识，1978年北京故宫博物院陶瓷专家冯先铭先生到香港亲自查看了这件器物，确认是一件唐代瓷器。这件三足炉，成为当时所知的第一件唐青花实物。1998年，印尼海域唐代沉船"黑石号"出水了三件完整的青花瓷盘（图3-19），这批有纪年参照物的青花瓷器再一次印证了唐代已经开始烧制青花瓷器。

图 3-18　唐青花白釉三足炉

图 3-19　唐青花瓷盘

2006 年 10 月，在郑州上街区基建考古发掘的一座唐墓中，出土了 2 件完整的青花塔式罐（图 3-20），这一重大发现于 2007 年 11 月在昆明召开的中国古陶瓷学术年会上披露，同样震惊了陶瓷学界，这是国内首次在唐墓中发现完整的青花瓷器，而且器型硕大，通高 44 厘米，由盖、罐身、台座、圈足四部分组成，盖呈塔刹状，器身装饰釉下青花卷草、花卉、"万"字符等纹饰，其中一件腹部还有简笔"人物曲棍球"图。这两件青花塔式罐四部分为分别制作，然后粘合成一体，釉色洁白，青花淡蓝，是目前国内外所见工艺最复杂、最精致、最大的完整唐青花瓷器。

图 3-20　唐青花塔式罐

唐青花又可称釉下蓝彩瓷器，使用钴料作为着色剂。经中国科学院上海硅酸盐研究所对扬州唐代文化地层出土的唐青花样品分析，瓷胎含低硅、高铝和高钛，釉为钙质釉，胎釉间施化妆土，钴料装饰在釉下。唐青花用的钴料不同于后世青花的钴料，是伴生有少量铁和铜的硫钴矿，其来源有两种可能：一种是商人从中亚或甘肃等地获得硫钴矿，经丝绸之路到达唐青花产地；另一种是在河北某地的钴硫化物矿与黄铜矿伴生矿区，在采集铜矿石作陶瓷色料的过程中偶然获得硫钴矿来装饰白瓷[1]。

随着考古资料的日益丰富，关于唐青花的起源成为专家学者探讨的热门话题，从考古材料及地层分析，学者普遍认为唐青花是唐代巩县窑生产的。河南巩县窑是隋代发展起来的窑场，唐代主要烧白瓷、三彩及黄、绿、蓝等单色釉瓷器。唐三彩是一种低温釉陶器，其釉上彩绘中已经开始使用钴蓝，因此唐青花的出现并非偶然，而是经历了蓝彩釉陶、釉上蓝彩瓷器到釉下钴蓝青花瓷器的发展过程。

---

1 陈尧成、张福康、张筱薇、蒋忠义、李德金：《唐代青花瓷用钴料来源研究》，《中国陶瓷》1995 年 2 期。

7 后来居上——五代耀州窑

耀州窑位于陕西铜川，以黄堡镇为中心，窑场范围包括上店、立地坡、陈炉、耀县塔坡。此地宋代时为耀州管辖，所产青瓷远近闻名，故总称耀州窑。唐、五代时期此地辖区名称不定，青瓷产品也局限于关中及西北地区，因此学者把唐、五代时期的耀州窑又称为黄堡窑。

唐代黄堡窑是一个普通窑场，生产黑釉、白釉、青釉、黄褐釉、花釉、茶叶末釉等单色釉瓷器以及白釉绿彩、白釉褐彩、青釉白彩、青釉黑彩等高温彩瓷。胎质较粗糙，有杂质和气孔。器型多碗盘、钵、盏、盒、短流壶、高足灯等。

五代耀州窑则有了一个突飞猛进的发展，主要烧制青瓷。从考古发掘的实物资料看，五代耀州窑是当时唯一可与越窑青瓷媲美的窑场，其青釉釉面较厚，色比越窑淡，上佳者呈湖绿色。宋代陆游在《老学庵笔记》中也提到耀州窑，曰："耀州出青瓷器，谓之越器，似以其类余姚县秘色也。"说明耀州窑青瓷在五代、北宋早期已经进入人们的视野，而且产品质量可与越窑秘色瓷媲美。

五代耀州窑青瓷有灰青、青绿、天青、淡天青等色调，器胎可分黑胎和白胎两类，早期多为黑胎，胎体外施白色化妆土，以遮盖胎之缺陷，然后上

图3-21　五代耀州窑青釉执壶

釉，这类产品主要供普通百姓使用。稍晚出现白胎，呈白色或灰白色，直接上釉，釉层薄而透亮，有的有细碎开片，釉色以粉青为主，亦有淡天青、湖绿之色，釉色润洁，有"碧玉琢成器"之感。这类白胎青釉淡雅的瓷器，是耀州窑历代所烧青瓷中釉色最为淡雅的瓷器，是可与越窑秘色瓷媲美的产品。五代耀州窑器物多施满釉支烧，其小支钉支烧窑具的出现，使器底仅留下较小的三支钉痕，整个器物更接近完美，为北宋汝、官窑器芝麻钉支烧奠定了基础。器型则以茶具、酒具为多，如碗、盘、洗、高足杯、盏托、套盒、温碗、执壶（图3-21）、罐、香熏炉

（图 3-22）等，造型十分精致，多花口器，仿唐代金银器的特征明显。多素面瓷器，少量划花、剔花、贴花装饰，划花线条纤细柔和，流畅自然，如行云流水。剔花技艺纯熟，有极强的浮雕效果，在五代时期的同类装饰中出类拔萃。贴花装饰，因器而施制，表现较为突出的是在茶盏或酒杯的内底或内壁、盏托的外壁，贴饰龙、凤、蝶、龟、鱼之类的吉祥图案。个别器底刻有"官"字款。

图 3-22　五代耀州窑青釉香熏盖

目前五代耀州窑瓷器的考古资料主要是五代黄堡窑址出土的瓷器、瓷片；墓葬出土资料主要有陕西省彬县后周显德五年（958 年）冯晖墓出土青瓷 6 件套；1992 年洛阳发现一座后周墓葬，出土青瓷 5 件，墓葬年代在后周显德二年（955 年）至显德七年（960 年）；河北平原县小吉沟一个辽墓中出土有典型的五代耀州窑青釉产品近 10 件；甘肃地区也出土有五代耀州窑瓷器。这些考古资料对我们了解五代耀州瓷器的面貌提供了实物资料，五代耀州窑与越窑相比不仅毫不逊色，而且在工艺上还有更佳的制作。但是就总的规模和整体水平而言，五代耀州窑的历史地位仍次于越窑，其精湛的制作技术，考究的造型设计，清新典雅的釉色，华美多姿的装饰，无不给人以美的艺术享受，将我国青瓷艺术推向了一个新的美学境界。进入宋代以后，耀州窑继续发展，后来居上，逐渐替代了越窑而成为北宋青瓷制作水平最高的窑场，也是向朝廷进贡瓷器的主要窑场。

8 海贸实证——唐代沉船"黑石号"

　　上世纪90年代末期，印尼勿里洞岛的渔民在海岛西北海域经常打捞到一些瓷器，德国某水泥厂老板沃特法听到厂子里的印尼工人谈到此事后，决定带着潜水设备和工人来到这传说有宝藏的海域搜寻，并发现了一艘古代沉船。从1998年9月开始，他们进行了近一年的打捞工作，收获了金、银、铜、铁、陶瓷、骨、木、石、玻璃、香料等各类宝物多达6.7万件。他将此船命名为"BatuHitam"，中文意译为"黑石号"。在出水的一件长沙窑瓷碗上有"宝历二年（826年）七月十六日"铭文，结合其他器物考证，此船的年代被确认为9世纪上半叶的唐代。"黑石号"船体保存基本完整，没有铁钉，采用绳索缝合捆扎船体，从结构看是一艘典型的阿拉伯缝合船，满载的货物则是中国的商品，其中陶瓷器占了绝大部分，约6万余件，主要有长沙窑的彩瓷56500多件，越窑青瓷200余件，邢窑白瓷300多件，巩县窑唐代青花瓷3件、白釉绿彩瓷器近200件以及广东窑系的产品。在数量庞大的长沙窑瓷器中，碗约有5万件，是该货船最大宗商品。这是一艘从中国港口出发的阿拉伯商船，航行至印尼勿里洞岛西北海域触礁沉没。

　　2002年，上海博物馆、湖南省博物馆等国内文物收藏单位提出了购买意向，但"黑石号"打捞文物开价4000万美金，并提出宝藏必须整体购买。这批瑰宝最终由新加坡圣淘沙机构收购而未能回归国内。2007年湖南省博物馆在新加坡和印尼征集到23件"黑石号"沉船上的长沙窑瓷器作为资料收藏。

　　"黑石号"整船货物的发现，揭开了唐代海上丝绸之路面纱的一角。唐代前期，唐太宗平定东突厥，并和西突厥加强了联系，同时扫除了高昌、龟兹、焉耆等反对势力，加强了西北边疆的军事和行政管理，保证了丝路的畅通和繁荣。8世纪初，大食（阿拉伯帝国）灭波斯后，取代了波斯控制丝路的地位，开始了与唐朝的密切交往。东西两端的强大王朝，造就了东西商贸、使节往来、宗教文化传播的繁盛，是陆路"丝绸之路"的黄金时代。但是好景不长，这条黄金商道在唐中期以后逐步走向衰落。天宝十年（751年），唐朝军队与大食军队在怛罗斯（今哈萨克斯坦的江布尔城附近）交战，唐军战败。此战使唐政府在西域的威信下降。不久，国内又爆发"安史之乱"（755—763年），安西四镇的守军被调回长安，西北边防空虚，南部吐蕃和北部回鹘趁机而入，控制了西域地区，这条黄金商路从此梗绝。另外，随着商品经济的发展，商品贸易量和种类的扩大，陆路丝绸之路的局限性凸显出来，如瓷器这种易碎商品的运输，远距离陆路交通显然成本太高。同时，需求量大的外贸商品（如丝绸、茶叶、瓷器）的产区基本集中在江南及东南沿海地区，因此，扩大和发展海上贸易是顺应时代发展和海外市场的需求，海上丝绸之路从此日益兴盛。中国虽然自秦汉始已经开始海上贸易，但限于造船和航海技术，最远只能到达印度洋南亚诸国。东汉时期，大秦（罗马）帝国为摆脱安息对西域商道的垄断和控制，遣使从海路至中国日南郡（今越南中部）与中国通好，这是当时东西方两大帝国第一次开拓直接往来的海上航线。

唐代中期以后，随着造船业的发展和航海技术的提高，为海上丝绸之路的拓展提供了条件。唐代地理学家贾耽在《广州通海夷道》中详细记录了中国海船从广州出发，穿马六甲海峡至印度南部，再沿西岸北上至波斯湾，最后到达大食首都缚达（今巴格达）的航程。也记录了从波斯湾沿阿拉伯半岛通向东非海岸，到达三兰（今坦桑尼亚首都达累斯萨拉姆）的航线，说明唐后期，中国海上贸易线已可到达东非。作为陆路丝绸之路起点的长安，曾有10万来自西域的中亚、西亚人侨居于此；而作为海上丝绸之路起点的广州，聚居的外国商人主要是阿拉伯和波斯人，他们集中居住的地方被称为"蕃坊"，人数也多达十几万，广州的清真寺怀圣寺就兴建于唐代。

"黑石号"沉船的发现，印证了学者关于海上"丝绸之路"实际上是"陶瓷之路"的说法。唐代瓷业的大规模发展，邢窑白瓷、越窑青瓷久负盛名，中国的瓷器作为一种优于釉陶的生活用器成为西方人大宗购买的货物，长沙窑则是顺应这种需求发展起来窑场。当时对外海上运输的港口主要有广州、明州（今宁波）、扬州和泉州。扬州虽是内陆城市，却是唐代重要的对外港口，也是当时国内南北货物最大的集散地。在扬州近30多处唐城遗址的发掘中，出土瓷片最多的是青瓷、白瓷、长沙窑彩瓷及唐三彩，而东亚、东南亚以及伊朗、伊拉克、巴基斯坦、斯里兰卡等地同时代遗址中出土中国陶瓷的组合与此基本一致。经学者考证，阿拉伯商船"黑石号"的货物是在扬州装船，经长江进入东海，沿海岸线南下进入南海，行驶至印尼勿里洞岛西北海域触礁沉没，除了5万多件瓷器外，船上还有最大的唐代金杯、专供皇室使用的江心镜、刻有鸳鸯的精美银瓶以及3件完整的青花瓷盘等高品质货物，成为封存于海底的千年宝藏。

四、精致雅润
——宋代瓷器的文化盛宴

960 年，后周将领赵匡胤在河南开封东北约 20 公里的陈桥驿发动兵变，黄袍加身被拥立为皇帝，国号宋，定都东京（今河南开封），史称北宋。北宋政权的建立，结束了五代十国时期的割据局面，实现了中国的局部统一。同时，与北宋政权并立的还有东北的辽（契丹人）、西北的西夏（党项人）、西南的吐蕃（藏人）和大理。宋朝虽与辽、西夏之间边境发生过多次战争，但在较长一段时间内保持了和平和稳定的发展。

宋王朝为了防止五代那种藩将权力过大而拥兵自重的局面，制定了一套限制武将权力的措施，同时强调以文人为官来管理国家，形成一种重文抑武的社会风气。宋初减免赋税、减轻佃农与地主的依附关系等政策促进了经济的发展，手工业和商品经济随着人口的增加而逐步繁荣起来，全国出现了许多商业繁荣、人口密集的城市。都城东京是当时最大的商业中心，人口有百万之众。北宋张择端的《清明上河图》真实地反映了东京汴河两岸繁荣的集市和河运等商贸场景。新兴的市民阶层及市民文化的崛起，直接影响到了商品市场。北宋时期，人们的生活习惯、生活趣味及时尚追求都发生了很大的变化。室内家具的使用，改变了中国人自古以来席地而坐的生活习惯，居室陈设器皿的需求促进了陈设瓷器的生产；文人入仕的科举制度使整个社会形成以读书改变人生命运为"终南捷径"的观念，文人雅士的书房陈设及文房用品也成为瓷器生产中的一类重要产品；饮茶与斗茶风气的兴盛，对瓷器生产中的茶具产品的需求和要求扩大；海外贸易的持续繁荣，外销瓷器的需求促进了沿海地区瓷业的快速发展。

宋代是我国瓷业发展史上的一个繁荣期，目前全国发现的宋代瓷器窑址遍及130多个县市，可以用"遍地开花，区域特色"来形容宋代的瓷器生产。根据产品特点，大致可以分为以白瓷为特色的定窑系，以青瓷为特色的耀州窑系、龙泉窑系，以白地黑花为特色的磁州窑系，以窑变釉为特色的钧窑系，以青白瓷为特色的景德镇窑系等，每个窑系都有自己的核心窑场。受欢迎的产品被周边窑场竞相模仿，继而瓷窑增加、窑场扩大，是区域性特色窑系形成的原因。同时，销售地的窑场也会模仿烧制热销的产品，例如位于海外瓷器市场前沿的广州西村窑，也烧制陕西耀州窑特色的青瓷供外销，少了运输成本的当地青瓷价格低廉，有一定的竞争优势。

全国制瓷业规模庞大，行业竞争十分激烈，促进了新品种的开发、为降低成本而进行的工艺革新以及高质量名品的产生。北宋早期，一些宫廷贵族喜爱的瓷器窑场被命令为其烧制贡瓷，例如定窑白瓷。到北宋晚期才出现专门为皇宫烧瓷的所谓官窑，例如汝窑，以及南宋官窑、哥窑等，由此产生的五大名窑从宋代开始就成为藏家追捧的对象。

宋代瓷业有两大显著特征，一是瓷器行业前所未有地壮大，形成了许多名窑名品。二是开创了陶瓷美学新境界，瓷器重釉色之质感，重釉色之沉静素雅，如芙蓉出水，给人一种宁静、含蓄、圆融的理性之美，充分体现了中华传统文化的精神追求与审美意识。

1 五大名窑——被追捧的高档瓷器

定窑

定窑位于今河北曲阳涧磁村及东西燕山村。曲阳在宋代属定州管辖，曲阳窑瓷器的销售集散地在定州，因此曲阳生产的瓷器被人们称为定州瓷。定窑从唐代开始创烧，当时模仿名满天下的邢窑而烧制白瓷。晚唐五代时期定窑的生产规模已经很大，白瓷质量已具有相当水平，官府曾派有专门的瓷窑税务使在此收瓷器税。这一阶段的定窑以烧白瓷或白中闪青的青白瓷为主，以柴为燃料。器形有碗、盘、盏托、壶等。碗口均凸起一道边沿，底为玉璧形，与邢窑碗相同。

到了宋代，定窑的崛起替代了邢窑，定窑白瓷成为名满天下的白瓷产品，其工整素雅的印花产品成为陶瓷艺术中的珍品。北宋定窑以烧白瓷为主，兼烧黑釉、酱釉、绿釉等。胎薄而轻、不透明。白釉器有刻花、划花、印花等装饰。刻花是用刀具或竹片在半成品上刻划出各种棱角分明、刚劲有力的有浮雕效果的图案，这种刻花技法效法越窑（图4-1）。北宋早期流行莲瓣纹、缠枝菊花纹等浮雕效果刻花。随后又兴起篦划纹饰与之配合使用。北宋中期

图4-1 北宋定窑白釉刻花碗

出现印花技术（图4-2），即把
坯泥放在雕刻好花纹的碗盘陶
模上，再用手工压制、修胎完
成。这种模制的碗盘纹饰都在
器内，纹饰线条清晰，布局规
整，讲究对称，多缠枝、折枝
花卉，成为定窑白瓷器中具有
代表性的主流品种。印花常用
的纹饰有水波、游鱼、禽鸟、
龙凤以及牡丹、莲花、萱草、
菊花等花草纹，还有少量婴戏
纹。印花装饰从开始就显示出
高超的技艺，据此众多专家推
测与宋代定州的丝织品——缂

图 4-2　北宋定窑白釉印花碗

丝有关，可能是把局部的缂丝纹样移植到定窑的印花纹样中。

　　定窑发明了覆烧工艺。覆烧是瓷器的装烧方法，即在筒状匣钵中利用多
层垫圈把碗盘以口向下层层叠摆起来放入窑内烧制。覆烧工艺使瓷器产量提
高，成本降低，增加了市场竞争力。但是覆烧法中盘碗的口沿接触垫圈，使
其口沿一周呈无釉露胎的状态，被称为"芒口"。五代定窑已经有覆烧的"芒
口"瓷出现，北宋早期的碗盘则大量出现露胎"芒口"，宽2—4毫米。为了
美观，有的碗盘"芒口"被用金、银、铜等金属包裹，形成一种独特的金银
扣白瓷器（图4-3）。宋代叶寘的《坦斋笔衡》记录有"本朝以定州白磁有芒

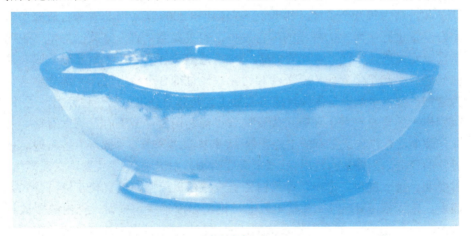

图 4-3　北宋定窑金银扣白釉碗

不堪用，遂命汝州造青窑器"。说明定窑白瓷器曾经被宫廷看中，命其烧制贡瓷，后因器有芒口，不美观，所以改选用汝州青瓷。1984年，位于河南巩县北宋皇陵区的宋太宗赵光义的贤妃、宋真宗赵恒的生母元德李后的陵墓因暴雨后出现坍塌和暴露而被批准发掘，出土了定窑瓷器37件，均为碗盘，其中31件有"芒口"。李后死于宋太平兴国二年（977年），咸平三年（1000年）四月八日附葬于宋太宗永熙陵的西北隅，墓葬年代为北宋早期。1969年，位于河北定县的北宋静志寺塔基和净众院塔基先后因施工而被发现，两个塔基出土文物十分丰富，其中瓷器有170件，均为定窑的产品，有碗、盘、杯、碟、盏托、洗、瓶、炉、盒、罐、净瓶（图4-4）等。这两个塔基分别建于北宋太宗太平兴国二年（977年）和北宋至道元年（995年），为北宋早期。这两批定窑瓷器，是目前数量最多、规模最大、保存最完整的北宋早期定窑出土瓷器标本，也说明在北宋早期，定窑白瓷产品已经是上等瓷器，在宫廷和贵族阶层流行。

图4-4　北宋定窑白釉净瓶

　　定窑瓷器中，有一部分器底刻有"官"、"新官"字款，目前已经发现的此类标本有140多件，出土范围已有浙江、湖南、河南、陕西、河北、北京、辽宁和内蒙古等八个省区。20世纪80年代和2009年，河北省考古研究所对定窑窑址进行了两次大规模的考古发掘，也采集到"官"字款的标本，说明定窑确实烧造过"官"字款的瓷器。"官"字代表了什么？是官窑器物吗？这些问题曾引起了学者们广泛关注和讨论。经过综合分析考证，大部分学者认为这种"官"字款瓷是作为封建贵族加工定货和对外出口的一种标志。另外，个别出土的定窑瓷器上还有"尚食局"、"尚药局"、"五王府"等官府铭，是北宋晚期宫廷机构或王府的定烧瓷器；"奉华"、"聚秀"、"德寿"等宫殿名称题款的瓷器，无疑是宫廷用瓷。《宋会要辑稿》中记录有："瓷器库在建隆坊，掌受明、越、饶州、定州、青州白瓷器及漆器以给用，以京朝三班内侍二人监库。宋太宗淳化元年（990年）七月诏瓷器库纳诸州瓷器，拣出缺璺数目等第科罪"。文献记载和实物名款都证明定窑是被宫廷选中烧制贡瓷的窑口之一。宫廷用瓷，代表了一个时代瓷器的最高水平，定窑白瓷代表了宋代白瓷的最高水平。定窑虽然烧制一定数量的贡瓷，但其不属于官办窑场，只是民用瓷窑场，北宋时期因其白瓷的销量、品质、美观等方面独树一帜，在北方地区的影响力很大，同时也是外销的热门产品，因此仍然被列为宋代"五大名窑"之一。

定窑产品也成为一些小型窑场竞相模仿的对象，这些窑场的产品被称为定窑系产品，例如山西的平定窑、盂县窑、阳城窑、介休窑及四川的彭县窑等。

1127 年，金灭北宋后，定窑所在的河北曲阳沦为金王朝的辖区。由于战乱，定窑大约停烧了 30 年，直到金世宗时期（1161—1189 年）才恢复生产，并再次达到一个小高峰，产品质量可与北宋时期媲美，因此目前某些出土定窑瓷器还存在北宋和金的时代误判，还需要更多的考证和甄别。金末到元代，经历蒙金战争后的定窑生产再次遭受冲击，从此只生产粗糙的白瓷产品，直到衰落。

汝窑

汝窑瓷器因文献中北宋宫廷专用瓷的记载以及清宫皇家旧藏而闻名，目前流传存世的汝窑完整器不足百件，多收藏在北京和台北的故宫博物院，另外国家博物馆、上海博物馆、英国大维德基金会以及美国、日本等地也有少量收藏，因此汝窑瓷器因其"官窑"身份及存世稀少而身价倍增，成为宋代五大名窑中最名贵的瓷器。

找到汝窑的窑址曾是陶瓷学者的梦想。宋代汝州的治所在今天的河南省临汝县（1989 年改为汝州市），北宋时期，这里生产青瓷的窑址有十几个。老一辈陶瓷专家陈万里、冯先铭先生都到这里考察过，但均未发现与故宫收藏的传世汝窑瓷器相同的标本。1986 年 10 月，在中国古陶瓷研究会的年会上，河南省会员展示了宝丰县清凉寺附近出土的一件青瓷盘，满釉支烧，三支钉痕，香灰胎，天青釉，冰裂纹片，润之如玉，釉色深沉，可能为汝窑拣弃之品。并推测汝窑的窑址可能在宝丰的清凉寺区域。根据这个线索，上海博物馆率先派工作人员前往此区域进行多次调查，采集到标本及窑具 40 余件，并于 1987 年 10 月出版《汝窑的发现》，确定了清凉寺窑即宋代五大名窑之一的汝官窑。

清凉寺窑位于宝丰县城西 20 公里的大营镇清凉寺村，从 1986 年至 2000年，河南省文物考古研究所对这个区域进行了六次发掘，发现窑场总面积达70 万平方米，其中官窑烧造区位于窑址的北部，面积约 4800 平方米，发现天青釉瓷片地层厚达 10—20 厘米，出土汝官窑瓷片数千件，能复原成器的有 20多件。2000 年 6 月，为了更多地揭示汝窑面貌，在政府的帮助下，搬迁了区域内的村民，进行了一次大规模发掘，发现了窑炉15座、排列有序的陶瓮10个、大缸4口、釉料坑2个、灰坑22个、水井1口以及一大批典型的天青釉汝官窑瓷片、窑具等，找到了汝官窑的中心烧造区，揭开了汝官窑的神秘面纱。不仅传世汝窑器都能在这里找到相同的瓷片标本，还发现了一些传世品中不见的器型，例如莲花钵（图4-5）、荷叶碗等，同时还发现了传世品中不见的装饰有纹饰的器物，其中以莲纹最常见，更有鸟、龙形瓷塑，十分罕见。这次考古发现被评为2000年度全国十大考古新发现，为汝官窑的探寻画上了圆满的句号。

图4-5　北宋汝窑青釉莲花钵

清凉寺窑创烧于北宋早期，产品以白瓷为主，兼烧少量青瓷和黑瓷；北宋中期为发展期，多烧青瓷；北宋晚期是其鼎盛时期，豆青、豆绿釉青瓷器开始成为产品的主流，并出现了天青色釉瓷器，也正是在这个时期，被官府选为宫廷用瓷的专门窑场。宋代官窑不同于明清时代的官窑，其形式是由官府出资组织生产，工匠是雇用来的优秀制瓷匠人，产品除部分高质量被选中者供应宫廷或官府外，大部分仍作为商品出售，可以在民间流通。北宋时这里归属汝州管辖，宋人笔记中的"汝窑"、"汝器"，指的是专为宫廷烧造青瓷的瓷窑，非一般的民窑。为了与汝州的其他民用青瓷窑场区别开来，学者把这个地区的其他民用窑场统称为临汝窑或汝民窑。

宋代叶寘的《坦斋笔衡》中"本朝以定州白磁有芒不堪用，遂命汝州造青窑器"是关于宫廷弃用定瓷而改用汝窑青瓷的记录。已故陶瓷专家陈万里先生曾根据宋人徐竟《奉使高丽图经》中"汝州新窑器"一语及该书的成书时间推断汝州烧造宫庭用瓷的时间是在哲宗元祐元年（1086年）到徽宗崇宁五年（1106年）间。而南宋人周密的《武林旧事》卷九记录了一段南宋绍兴二十一年（1151年）十月高宗赵构的宠臣张俊进奉给高宗的礼物清单中，有汝窑瓷器16件，"酒瓶一对、洗一、香炉一、盒一、香球一、盏四、盂子二、出香一对、大奁一、小奁一"，这是文献中能看到的数量最多的一批汝窑瓷器。汝官窑因金人入侵，宋朝廷南迁，其烧造时间不长，所以在南宋时期汝瓷就一器难求，十分珍贵，成为后世明清宫廷收藏和仿制的对象。

汝窑瓷器胎质坚硬细腻，呈香灰色；釉色润泽，釉中加有玛瑙末。釉色有卵白、天青、豆青、虾青等，其中以天青色、天蓝色最为珍贵。一般为满釉支烧，底部有芝麻大小的支钉痕，一般小器物有三个支钉痕，大器物有五六个支钉痕。器型以盘、碟较多，另有碗、洗、三足樽、瓶、尊、四足盆等。

目前收藏汝窑器最多的是台北故宫博物院，约有21件，均为清宫旧藏，其中13件底部刻有乾隆御题诗。例如汝窑青瓷盘（图4-6），高3.8厘米，口

图4-6　北宋汝窑青釉瓷盘

径18.4厘米，足径12.7厘米，底部满釉，有五支钉痕，支钉圈内刻有乾隆乙未（1775年）孟春月的御题诗："虽非髻垦足钉遗，已自为佳今重之，物以少珍有如此，玩当丧志戒惟兹，精评早具辍耕录，创制尤存修内司，古北秦砖古于是，却谁属目义堪思。"如此普通一小瓷盘，成为乾隆皇帝把玩珍藏之物，可见汝窑瓷器之珍贵。台北故宫博物院的4件汝窑青瓷椭圆形水仙盆是汝瓷传世品中的杰作，釉色莹润，其中3件底部刻有乾隆御题诗。在清凉寺汝官窑遗址也发现了类似的器物残片以及椭圆形支钉圈。英国大维德基金会收藏有一件汝窑青釉长颈瓶，是目前唯一完整的汝窑琢器（瓶罐类较高的器物），2012年6月，这件汝窑瓶参加了在中国国家博物馆举办的《瓷之韵——大英博物馆及英国国立维多利亚与艾伯特博物馆藏瓷器精品》展，在有众多明清官窑器及元青花出场的展品中，英国专业评估公司根据当时市场行情对所有展品进行了保价评估，这件汝窑瓶是所有展品中保价最高的一件。汝窑清凉寺窑址出土有类似的长颈瓶的残件。

汝窑位居五大名窑之首，其官窑器稀缺珍贵，不仅促生了明清官窑仿制

之风，在收藏狂热的今天，汝窑瓷器的仿制形成了一个产业，既有仿古造假，也有生活实用器的开发，可满足爱汝之人的需求。

官窑

南宋人顾文荐老年闲居之时所作《负暄杂录》中有一句关于北宋官窑的记录，曰"宣政间京师自置窑烧造，名曰官窑"，是指宋徽宗政和至宣和（1111—1125 年）年间，朝廷在汴京（河南开封）设置了专门的窑场，被称为官窑。但是这个官窑遗址的寻找几乎不可能，因为千年以来，黄河多次泛滥，整个北宋汴京城已经深埋地下。没有考古资料的佐证，关于官窑的猜测众说纷纭。2004 年在河南汝州市东南张公巷发现了一个新的窑址，其北宋地层出土可复原青瓷 44 件。这个窑场距离清凉寺汝窑仅 30 公里，从出土的资料看，张公巷窑生产的青釉瓷器与汝窑瓷器一样，也是先经过素烧，然后再施釉入窑二次烧成。器底的支钉痕是非常规整的小米粒状，支钉分别为三、四、五、六枚，器型部分与汝窑一致。但是张公巷窑瓷器的胎釉质量比汝窑精细，胎质细密洁白，吸水率低，釉面玻璃质感强，因此部分学者认为张公巷窑就是顾文荐所说的北宋官窑。

北宋官窑目前仍是考古学家们探索的目标，而南宋官窑的面貌随着郊坛下窑和老虎洞窑的发现而揭示出来，即五大名窑中的"官窑"。

宋钦宗靖康二年（1127 年），金军占领北宋京城开封，掳走徽宗和钦宗，北宋灭亡。宋室南迁临安（杭州），钦宗的弟弟赵构继位，即宋高宗。南宋持续了 153 年，在抗金抗元的斗争中，经济、文化、艺术、教育都得到持续发展，陶瓷产业的重心南移。据文献记载，宋廷南迁杭州后，为满足宫廷祭祀、陈设、饮食及赏赐之用，"袭故京遗制，置窑于修内司"，再设官窑，当时也称作内窑；"后郊坛下别立新窑"，又设置了第二座官窑。这两座有历史记录的官窑，一直是考古学家寻找的目标。

南宋初年，诸事未安定之前，朝廷用瓷是委托当时仍在生产的越窑来制作的。20 世纪 80 年代，在浙江慈溪上林湖附近发现了低岭头等几处产品具有部分汝窑特征的窑场。《宋会要辑稿》中记载，绍兴四年（1134 年）宋廷命绍兴府余姚县烧造明堂祭器。这些承载南宋贡瓷烧造任务的窑场，既是越窑最后的辉煌，也在南宋官窑设置中起到承上启下的作用，直到宋高宗绍兴八年（1138 年）定都临安后设置官窑，才逐步衰落废弃。

1996 年，位于杭州凤凰山与九华山之间的老虎洞窑因雨水冲刷暴露而被偶然发现，随后几年，考古部门对此地进行了三次发掘，遗址的南宋地层出土了大量黑胎实物资料。2006 年，资料整理中，在一件荡箍上发现了"修内司窑"的铭款，老虎洞窑的身份终于得到确认，文献记录中的南宋官窑"内窑"——修内司窑之谜被揭开(也有学者持否定观点,认为"内窑"位置在杭州万松岭东侧山坡。老虎洞窑则是文献中提到的"续窑")。

老虎洞官窑的制坯原料直接取于附近的山坡,由于含有紫金土,氧化铁的含量高,高温烧制后胎色较深,主要为深灰、浅灰和灰黑色,有的口沿和足沿露胎处呈紫黑色,俗称为"紫口铁足"。釉层较厚,釉色以灰青居多,少量粉青和米黄色。器型主要有碗、盘、碟、洗、盏、盏托、杯、箸架、钵、罐、盒、盆、瓶、壶、炉、尊、觚、器盖、器座等,其中浅腹圆洗、折肩瓶、三足奁式炉、圆形套盒等器与汝官窑的器型几乎一致。老虎洞窑窑炉为龙窑,窑具有匣钵、支烧具、垫烧具、火照等,基本延续了汝窑的工艺,只是制作上更加精细。老虎洞窑的装饰方法减少,只有见于碗盘外腹部的刻花和套瓶的镂孔两种,花纹也只有莲瓣纹和缠枝花纹,更多的器物是追求以釉色取胜,发展厚釉的装饰效果。

郊坛下官窑是南宋建立的第二个官窑,位于杭州上城区乌龟山西麓,东北距南宋皇城2公里。20世纪20—30年代,近代考古学刚刚传入中国之时,郊坛下窑的遗址位置就被确认。19世纪30—40年代,日本考古学者和中国中央研究院从事陶瓷研究的学者都多次在此地调查并收集资料,发表了《发掘杭州南宋官窑报告书》、《南宋官窑的研究》等文章。1956年,浙江省文物管理委员会对窑址的南部进行了局部发掘,1985—1988年,由中国社会科学院考古研究所、浙江省文物考古研究所、杭州市园林文物局联合组成的南宋临安城考古队对该遗址进行了全面的发掘,全面揭示了郊坛下官窑的面貌,出土瓷片3万多件,并于1996年出版了考古报告《南宋官窑》。

郊坛下官窑约建于绍兴十三年(1143年)——淳熙六年(1179年)间,此时南宋政权已逐步稳定,宫廷用瓷的要求也越来越高。郊坛下窑已采用多次素烧、多次上釉的工艺生产薄胎厚釉青瓷,把青瓷的品质推向了一个新的高度。

郊坛下官窑产品的胎质细腻,胎土是以瓷石加入少量紫金土配制而成,氧化铝和氧化铁的含量较高。提高铝的含量能提高抗变形能力,使胎壁更薄;而氧化铁含量高的胎土色深灰(黑),色调深沉,有利于釉面的玉质感。器型中碗、盘、碟、杯等小型器一般为薄胎,厚度在0.05—0.2厘米;觚、炉、壶、瓶等大器胎较厚,在0.3厘米以上,个别达到0.6—1.1厘米。釉色有粉青、灰青、米黄三种,其中以粉青为最佳。薄釉器一般施一次釉,满釉支烧,仅有米粒大的支烧痕;厚釉器则多次施釉,底部刮釉垫烧,露深色胎。器型有碗、盘、碟、杯、盏、壶等饮食器;罐、坛、钵等盛贮器;唾盂、灯、熏炉、笔洗等日用器;花瓶、花盆等陈设器;象棋、鸟食罐等娱乐用器。种类齐全，满足宫廷生活各方面的需求。器物素面为主，花纹装饰技法主要有刻花、模印、堆贴、雕镂。纹饰主要有莲花、牡丹、蕉叶等植物纹；龙、凤、兽面等动物纹；弦纹、回纹、云雷纹、乳钉纹等仿古纹饰。

传世的官窑器主要是清宫旧藏，目前主要收藏于台北故宫博物院（约107件，有乾隆御题诗的约20件）和北京故宫博物院（约27件）。另外，国家博物馆、上海博物馆、天津艺术博物馆、英国大英博物馆、英国大维德基金会、英国国立维多利亚与艾伯特博物馆、法国吉美博物馆、美国克利夫兰美术馆、美国波士顿美术馆、美国旧金山亚洲艺术馆、日本东京国立博物馆、日本大阪东洋陶瓷美术馆等均有少量收藏。国家博物馆收藏的3件上海青浦元代任氏墓出土的南宋官窑瓷器（图4-7），是目前少有的几件墓葬出土的官窑青瓷器。

图4-7　南宋官窑青釉贯耳瓶

钧窑

钧窑位于今河南省禹州市神垕镇一带，钧窑瓷器以艳丽的窑变釉和温润的乳光釉而闻名于世。高温铜红彩和铜红釉的创烧，是对中国陶瓷发展的重要贡献。铜红釉是采用氧化铜为着色剂，在窑炉的还原气氛中形成红色，器物表面釉色青中带红如蓝天中的晚霞。后来发展形成的玫瑰紫、海棠红、茄皮紫、鸡血红等多种窑变，是当时其他窑口所不及的，形成钧窑独特的风格和成就。北京和台北两地故宫博物院收藏的传世钧窑器中有很多出戟尊、底部带编号的花盆（图4-8）、鼓钉洗、海棠盆等代表性陈设瓷，色彩艳丽多变，成为钧窑代表性器物。

关于钧窑瓷器产地最早的文献资料是明代《嘉靖钧州志》中的记载："窑，瓷窑在州西大刘山下，瓦窑在州西禁沟左右"。1975年和2001年，考古部门对钧窑遗址区进行了两次发掘，窑址的地层和面貌逐渐清晰。早期的钧窑中心区是刘家门窑，产

图4-8　北宋钧窑花盆

品工艺水平很高，器型有碗、盘、洗、盒、盆、注壶、罐、瓶、香炉、器盖、枕等，其中带把洗、菊花盘、折沿碟、盖盒等多为模仿金银器造型，是北宋流行的样式[1]。釉质大多细润，以天青色为主，也有少数葱绿、月白和带有红紫斑窑变的钧瓷已经出现，器底中心施釉。这个时期青釉和钧釉器物的胎质有两种。一种较浅淡，呈白褐色、浅褐色或灰褐色，即通常所说的"香灰胎"，胎质细腻坚硬。另一种则胎色稍深，呈灰褐色或褐色，胎质也略粗。这种胎质的器物通常施釉不到底，制作较粗。工艺上其覆烧工艺、满釉支烧工艺和厚釉工艺（先将器物素烧，然后多次施釉，再入窑烧）都具有时代特点。钧瓷釉面还有一个重要特征就是蚯蚓走泥纹，即在釉中呈现出一条条长短不一、自上而下的釉痕，如同蚯蚓在泥土中游走的痕迹。

目前对于钧窑时代的问题在陶瓷学界出现很大的分歧，特别是故宫博物院清宫旧藏的陈设类钧瓷，很多学者开始怀疑其北宋身份，认为是元末明初的器物。上海博物馆陶瓷专家陈克伦先生在《钧台窑"北宋钧窑"产品时代的再探讨》一文中，列举了使用先进的"前剂量饱和指数法测定瓷器热释光年代技术"对钧台窑出土的花盆、碗等标本年代测试的结果，发现陈设类器物标本的年代比金元时期标本的年代要晚大约100年，大约在元末明初。

北京大学考古文博学院陶瓷专家秦大树教授通过对刘家门窑早期资料及北宋窖藏、宋金墓葬出土钧瓷的对比分析，认为钧窑创烧于北宋末年徽宗、钦宗时期，始烧时起点就很高，早期产品釉色接近汝窑，釉色淡雅，也就是部分学者称为"汝钧"的产品。早期的钧瓷特色产品，红彩与天青自然融合，属于自然窑变形成的，与后期人为设计的红色斑块不同。对于传世钧窑陈设类器物，秦教授也认为不是北宋的产品。

钧窑瓷器自创烧以来，就以其惊艳的色彩和千变万化的窑变而备受喜爱，元明清三代官窑均有仿制。钧瓷特有的素烧并多次施釉的厚釉工艺，形成一种乳浊玻璃质感的釉层，配以艳丽而自然交融的色彩，造就了钧瓷与众不同的神韵与气质。18—19世纪，西方学习并仿制中国瓷器的过程中，对钧瓷窑变技术仿制的成功，成为西方制瓷技术进步的一个阶梯。

哥窑

哥窑虽然列为五大名窑，但其具体窑址和面貌在陶瓷学界还是一个悬而未决的疑难问题。哥窑的信息主要来自文献中的记录。哥窑在文献中的称谓是"哥哥洞窑"或"哥哥窑"，最早出现在元人孔齐的《静斋至正直记》一书，有云："乙未（1355年）冬，在杭州时，哥哥洞窑者一香鼎，质细虽新，其色莹润如旧造，识者犹疑之。会荆溪王德翁亦云，近日哥哥窑绝类古官窑，

---

1 秦大树：《钧窑始烧年代考》，《华夏考古》2004年第2期。

不可不细辨也。"这里提到哥哥洞窑的一件鼎式香炉，看起来像官窑的产品，几乎辨别不出来。明初曹昭编撰的《格古要论》也有相关的记载："哥哥窑，旧哥哥窑出，色青，浓淡不一，亦有铁足紫口，色好者类董窑，今亦少有。成群队者是元末新烧，土脉粗燥，色亦不好"。这里提到哥哥窑的产品也有紫口铁足的特征，元末烧的质量不如以前。哥窑被列入五大名窑源自明代宣德年间礼部尚书吕震等人奉旨编撰的《宣德鼎彝谱》，书中有云："……内库收藏柴、汝、官、哥、钧、定各窑器皿，款式典雅者。"这里将哥窑与汝窑、定窑、官窑、钧窑相提并论，被后人称为五大名窑。

目前对哥窑器物的认识主要来自传世的收藏品，主要收藏在北京故宫博物院（图4-9）、台北故宫博物院、国家博物馆、上海博物馆以及海外收藏机构。传世哥窑器的显著特征就是釉面开片，呈现出"金丝铁线"般网状，即较粗的黑色裂纹线条交织着较细密的红或黄色裂纹线条。釉面开裂原本是瓷器烧制中的缺陷，这种缺陷产生的独特美感，让人们开始有意识地追求这种效果，并在生产中掌握了人为让釉面开裂的技术。哥窑器胎体大都是紫黑色或棕黄色，器口边缘釉薄处露出胎色而呈黄褐色，底足无釉处呈现铁黑色，也有官窑器"紫口铁足"的特征。釉面油润，色调丰富多彩，有米黄、粉青、奶白等色。

图4-9　宋哥窑弦纹瓶

哥窑窑址在何处？这是一直牵动陶瓷学者的一个谜团。虽然目前发现了几个类似哥窑产品的窑址，但是与传世哥窑器比对后仍不能确定其为哥窑遗址。明代《浙江通志》一书记录有关于哥窑与弟窑的传说，相传有章生一、章生二兄弟二人，各执一窑，分曰哥窑和弟窑。嘉靖年间刊刻的《七修类稿续编》有更详细的记载曰："哥窑与龙泉窑皆出处州龙泉县，南宋时有章生一、生二弟兄各主一窑，生一所陶者为哥窑，以兄故也，生二所陶者为龙泉，以地名也；其色皆青，浓淡不一；其足皆铁色，亦浓淡不一。旧闻紫足，今少见焉，惟土脉细薄，釉色纯粹者最贵；哥窑则多断纹，号曰百圾破……"上世纪60年代，在浙江大窑和溪口等五处窑址发现了黑胎青瓷，但是没有发现传世哥窑器的器型标本，学者认为这些黑胎器是仿官窑器。近年在浙江龙泉小梅镇瓦窑路窑发现一种黑胎青釉开片瓷器（图4-10），白色纹路，更接近文献中的

"百圾破"、"断纹"，浙江省文物考古研究所主持龙泉窑发掘的专家沈岳明先生认为小梅镇瓦窑路窑可能就是文献记载中的哥窑。

明代高濂撰《遵生八笺》中有"官窑品格大率与哥窑相同"，又"所谓官

图4-10　南宋龙泉窑瓦窑路窑青釉盘

者，烧于宋修内司中，为官家造也……哥窑烧于私家，取土俱在此处"。这里对于哥窑的烧造地点似乎指的是在杭州。1996年杭州凤凰山发现的老虎洞窑，多数学者认为是南宋官窑修内司窑，也有学者认为其南宋地层为文献中的续窑，而元代地层为哥哥洞窑。而传世哥窑器有的学者认为是景德镇或其他窑址烧制的。

哥窑窑址的探寻和争论仍在持续中，哥窑瓷器的独特风格和美感自面世之日起就一直被人们追捧，元明清三代对哥窑瓷器均有仿制，明成化、清乾隆等时期都有精美的仿哥窑瓷器流传下来。

2 百花齐放——各地特色窑场

龙泉窑

龙泉窑位于今浙江省龙泉县境内，是宋代在越窑基础上发展起来的一座新型青瓷窑，也是南北瓷业相互融合的典范。龙泉窑是宋、元、明时期著名的瓷窑之一，各个时期都具有不同的时代风格。

龙泉窑以大窑为中心，由多个窑场组成的，产品质量精美，除供给民用、外销，还曾烧造贡瓷，满足宫廷之需。龙泉窑在北宋中期已经大规模生产，胎体厚重，色灰白；釉薄色淡青，光亮透明，器底多满釉，用泥点加垫圈支烧。有刻划花装饰，并辅以篦纹，装饰纹样以卷草、莲瓣、蕉叶、云纹、飞鸟、鱼虫、婴戏等居多。日用瓷器主要有碗、盘、壶、瓶、罐等，随葬器有多管瓶（图4-11）、长颈盘口壶等。南宋时期，龙泉窑瓷器胎体变薄，釉较厚，采用多次上釉工艺，新创粉青、梅子青等釉色，釉质柔和润泽，如美玉一般。造型更加丰富，除日常用器以外，还有文房用瓷、祭祀用瓷、人物塑像等。

图4-11 南宋龙泉窑青釉多管瓶

南宋龙泉窑还烧造黑胎厚釉瓷器，以溪口镇瓦窑垟窑为代表。产品胎薄，胎土中因加入了紫金土而色黑，且胎体硬度加强，烧制过程中不容易变形。釉面有开片，多素面无纹，口沿及足沿呈现出"紫口铁足"的状态，整体特色与郊坛下官窑十分相近。关于龙泉黑胎瓷器一直是学者讨论的焦点，是哥窑还是仿官窑？或是龙泉窑的特色品种？这些谜团需待考古工作逐步深入来揭开。

龙泉窑瓷器的收藏以北京故宫博物院最多，宋、元、明三代共有800多件。清宫旧藏有160余件，其中宋代有25件，主要作为陈设器被摆放在重华宫的翠云馆、养性殿、养心殿、毓庆宫等地。宋代龙泉窑比较典型的器物有五管瓶、鬲式炉（图4-12）、贯耳瓶（图4-13）、三足炉、琮式瓶等。比较常见的生活用器有碗、盘等食用器；瓶、酒注、杯盏等饮酒器；执壶、盏、盏托、渣斗等茶具；花瓶、水盂、笔筒、砚滴等文房用器。南宋中期以后龙泉窑发展很快，在国内，其产品市场扩展到了宋王朝控制区的西北边疆地区，在陕西南部和四川发现的瓷器窖藏中，以龙泉青瓷和景德镇青白瓷为主。例如四川发现的南宋中晚期的瓷器窖藏以遂宁金鱼村、简阳东溪园艺场、什邡两路公社、三台东河纸厂和峨眉山罗目镇等为代表，单个窖藏龙泉青瓷的出土量一般在数十件左右，个别能达到百件以上。

图4-12 南宋龙泉窑青釉鬲式炉

图4-13 南宋龙泉窑青釉贯耳瓶

龙泉窑瓷塑产品出现在南宋时期，数量不多，到元明时期才逐渐兴盛，出现大量观音、弥勒佛、释迦牟尼、真武大帝等神仙人物塑像。目前所见南宋龙泉窑瓷塑代表性器物是1960年龙泉大窑窑址出土的三件八仙塑像：何仙姑（图4-14）、汉钟离和韩湘子。塑像造型生动形象，服饰流畅飘逸，青釉润泽有开片。面部和手部不上釉，露胎烧制，呈红褐色，呈现出肤色与服装颜色的差异与层次感，栩栩如生，是一种让人耳目一新的装饰手法。这种被称为露胎装饰的技法到元代也用在碗、盘、瓶等器物上，成为元代龙泉窑一种独特的品种。

龙泉青瓷也是海外贸易的主要商品，大量的民用青瓷通过温州港输送到海外，部分高品质的粉青、梅子青产品也成为海外权贵珍藏的对象。在日本有一件著名的南宋龙泉花口青瓷碗（图4-15），高9.4厘米，口径15.4厘米，是南宋王朝赠送给日本平安时代末期的武将平重盛（1138—1179年）的

图4-14　南宋龙泉窑何仙姑塑像

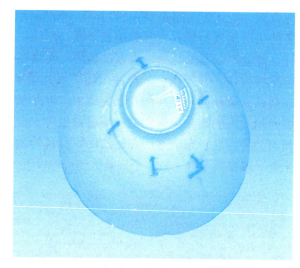

图4-15　南宋龙泉窑粉青釉碗

礼物，到室町时代（1392—1573年）传到了当时掌权的大将军足利义政手中，被作为珍贵的物品保存。由于流传时间久远，该碗下腹部出现了裂痕，于是将军派使者来到中国，想寻找一只相同的碗。但是遍访各窑，已经没有如此釉色的产品，只好让工匠在裂缝处打了几个金属锔子，带回日本继续珍藏。这几个金属锔子如同蚂蟥一般，因此被日本藏家戏称为"蚂蟥绊"，现今作为国宝收藏在东京国立博物馆，是世界上著名的残器之一。

耀州窑

耀州窑位于陕西西安以北约70公里的铜川市，以黄堡镇为中心，一共有7处窑场。耀州窑创烧于唐代，五代时期开始兴盛，宋代是耀州窑的鼎盛时期。

1953年，在北京广安门出土的有龙凤纹的青瓷残片引起了故宫博物院陶瓷专家陈万里先生的注意，为找到此青瓷的产地，陈先生亲自到陕西铜川实地考察，发现了耀州窑遗址以及北宋元丰七年（1084年）所刻的《德应侯碑》，碑文记载了当时极负盛名的耀瓷烧造情况、耀州窑的地理位置、生产工艺流程及精湛的工艺水平，赞耀州窑瓷器为"巧如范金、精比琢玉"。

从1958年开始，耀州窑遗址区经过了几次发掘，宋代耀州窑的生产主要集中在黄堡、玉华宫、立地坡三个窑场，发掘面积已经达11500多平方米，共发掘出窑炉67座，作坊67座，灰坑35处，还有多处原料加工厂、堆料场、晾晒场、堆货场等附属设施。由于生产规模的扩大，燃料的需求量剧增，耀州窑开始使用煤作为燃料，开创了瓷业生产中煤烧的先河。五代时期耀州窑的青瓷已在北方地区独领风骚，可与南方越窑青瓷媲美，进入宋代以后，北方窑业的发展赶超南方，耀州窑青瓷的生产不断扩大，工艺技术改进，成为当时影响力最大的青瓷窑场，周边窑场竞相模仿其产品，在北方地区形成一个耀州窑系区域，河南的临汝窑、宜阳窑、宝丰窑、新安城关窑、禹县钧台窑、内乡大窑店窑以及位于外销出口前沿的广州西村窑、广西永福窑都有仿烧耀州窑的产品。

宋代耀州窑主要生产青瓷、黑瓷、酱釉瓷等，其中青瓷最有地域特色，烧造水平最高。器型主要有碗、盘、瓶、罐、炉、壶、盒、香熏、钵等。胎质致密坚硬，胎色灰白。釉色纯正温润似玉，玻璃质感强，"橄榄青釉"莹润肥厚，青中微微闪黄。装饰技艺中以刻花为主，刻花技艺在当时同类技法中首屈一指。刻花每个线条一般分直刀和偏刀两步完成，刀锋圆润，线条犀利流畅，下刀深处积釉厚而色深，从构图到线条都给人以力量、节奏和韵律美。宋中期以后因产品需求量大，碗、盘等器的装饰手法改为陶模印花。常见图案有缠枝、折枝牡丹和菊花纹、水波纹、莲花纹、婴戏图等。

宋代耀州窑还是有史籍可证贡瓷窑场，当时向朝廷进贡瓷器的主要民窑之一。耀州窑《宋史·地理三》记录有"耀州紧华原郡，……崇宁户一十万二千六百六十七，口三十四万七千五百三十五，贡瓷器"。耀州窑烧贡瓷的时间在北宋神宗元丰（1078—1085年）至徽宗崇宁（1102—1106年）年间，前后约有30年，其在中国陶瓷史上的地位由此可知。

图4-16 宋耀州窑青釉三足盖罐

自新中国建立以来，墓葬和窖藏出土的宋代耀州窑瓷器较多。1954年陕西彬县因洪水而暴露的宋代耀州窑瓷器窖藏是最早发现的一批，约有精美耀瓷百余件，其中一件刻花三足盖罐（图4-16）造型朴拙，刻花粗犷，线条流畅，制作精美。2007—2010年，北宋金石考古学家、理学家吕大临家族位于陕西蓝田的家族墓地因盗墓破坏而被政府考古部门抢救发掘，出土了600多件遗物，其中日用瓷器主要是耀州窑的青瓷，如刻花牡丹纹梅瓶（图4-17）、刻花盖碗、刻花牡丹纹渣斗等皆做工精细，造型别致，釉色莹润细腻，代表了北宋耀州窑瓷器的工艺水平。

磁州窑

磁州窑是北方最大的一个民窑体系，一般称为磁州窑系，因其核心窑场位于河北磁县观台镇和彭城镇而得名，最有特色的产品是白地黑花瓷器。河北、河南、山西众多民窑都烧造类似的民用器，如河南鹤壁窑、禹县扒村窑、登封曲河窑、山西介休窑等。

磁县观台窑址是磁州窑系最具代表性的窑址，发现于20世纪50年代，并有2次小规模发掘。1987年，北京大学考古系和河北省文物研究所联合对观台窑址再次进行了发掘，发掘面积约480平方米，发现了窑炉9座，对观台窑的窑业发展有了初步了解。观台窑创烧于北宋初年或稍早，停烧于元代末年到明初。北

图4-17 北宋耀州窑青釉梅瓶

宋初年，受定窑的影响，烧造白釉和黑釉器。宋代磁州窑开始使用煤作为燃料，木柴和煤同时使用，胎质逐渐变浅呈灰色和灰白色，质地细密。主要器型有碗、盘、钵、炉、罐、水注、盒、枕、梅瓶等，装饰技法有珍珠地划花、黑剔花、白地黑花、模印花等，纹饰图案主要有半圆形团花、云头状团花、菊瓣纹、缠枝菊花和连续蔓草纹等。黑釉流行鹧鸪斑、油滴、兔毫等风格。

宋代是磁州窑风格形成的时期，白地黑花是其最具代表性的独特的装饰艺术，将中国传统的绘画、书法技艺与制瓷工艺结合起来。白地黑花是以俗称"斑花石"的贫铁矿矿石为颜料的一种釉下彩绘装饰，由于矿料中含铁量的不同以及窑炉温度和气氛的不同，最终的呈色也有黑、酱、褐、棕等深浅不同。白地黑花有几种装饰技法：一为黑剔花，即在胎釉之间施一层白色化妆土，在白化妆土上满涂黑彩，用竹签类工具划出花纹，再将花纹以外的黑彩剔去，露出白化妆土，称为黑剔花。二为白地绘划花，即用毛笔在化妆土上作画，再用竹签类工具勾划花朵的轮廓、叶茎和花瓣、动物的羽翼、鳞片等细部，称为白地绘划花。三为白地绘黑彩，即用毛笔直接在化妆土上作画或写字，这是最典型的白地黑花。以毛笔作为工具，用彩料直接在瓷器上作画，是中国画的技法在瓷器上的体现，图案呈现出自然、洒脱、奔放的风格，是元明青花画法的基础。

宋代磁州窑系瓷器几乎未见墓葬出土器，有纪年的更少。大英博物馆收藏有一件北宋磁州窑系刻题记枕（图4-18），枕面珍珠地刻划"家国永安"四字，两侧刻题记"元本冶底赵家枕永记　熙宁四年三月十九日画"。熙宁四年（1071年）是北宋神宗时期。这件瓷枕是20世纪初入藏大英博物馆的，经学者考证为河南鲁山段店窑产品。

图 4-18　北宋磁州窑题记枕

繁昌窑

繁昌窑位于安徽繁昌县南郊柯家冲，是一处依山坡而建的龙窑。20世纪50年代就有零星发现，70—80年代有小规模抢救性发掘。2002年9—11月，由安徽省文物考古研究所主持，中国科学技术大学科技史与科技考古系和繁昌县文物管理所组成联合考古队，对繁昌柯家冲古窑址群进行了发掘，发现柯家冲窑是一座十分罕见保存完整的五代至北宋初期窑址。

窑址出土瓷器主要是青白瓷，仅发现少量黄釉瓷器和黑釉瓷器。青白瓷器主要有碗、盏、碟、盘、水盂、执壶（图4-19）、罐、盒、炉、盏托等多为拉坯轮制而成，胎质细腻，胎色多呈白色或白中泛青色。釉面光洁，玻璃质感强，早期青白色较为纯正，晚期釉色逐渐偏青。

繁昌窑的位置在五代时期属于南唐宣州，民国时黄矞著录的《瓷史》中曰："宣州瓷窑，为南唐所烧造，以为供奉之物者。南唐后主尤好珍玩。"1950年，南京博物院发掘的南唐二陵（李昪和李璟）出土的瓷器中，有一部分白瓷与繁昌窑出土器非常相似，可能是繁昌窑的产品。五代南唐画家顾闳中的《韩熙载夜宴图》，描绘了南唐中书侍郎韩熙载家中夜宴的场景，画中绘有生活瓷器30多件，皆为青白瓷，其中茶具中的带温碗执壶和托盏与

图 4-19　南宋繁昌窑青白釉执壶

繁昌窑的产品造型十分相似。

繁昌窑发现之前，青白瓷被认为产生于北宋中期的景德镇窑。繁昌窑的发现，使青白瓷产生和发展的脉络更加清晰。学者认为，唐代瓷业"南青北白"的格局在五代时期发生改变。晚唐五代北方人口大量南迁从而逐渐带动南方社会生活习俗发生变化，北方部分优秀工匠也将白瓷烧造技术迅速地带到南唐地域，烧造出较早的五代白瓷。

繁昌窑的重要发现是其瓷土二元配方技术，对重新认识我国陶瓷科技发展史有着重要的意义。"二元配方"是指通过在瓷石中加入高岭土的方法，提高瓷胎中 Al_2O_3（氧化铝）的含量，使瓷坯在高温烧成时能形成较多的莫来石晶体，从而达到增加瓷器强度、改善瓷器质量的目的。以前学术界一般都认为二元配方工艺是元代以后景德镇窑首先开始使用的，繁昌窑二元配方制瓷的发现，把中国陶瓷技术的这项工艺开始使用的时间提前了 300 多年。

2009 年，繁昌县西郊阳冲行政村骆冲组发现约 4000 平方米的瓷窑遗存，瓷片堆积 10—50 厘米。窑场规模不大，产品以碗、盘、盏为主，少量碟、粉盒、执壶、罐等。骆冲窑的产品质量比柯冲窑要好，胎薄而细密坚硬，釉色偏白无开片，胎釉结合好。时代大约为五代，宋初停烧。骆冲窑的发现，为青白瓷的起源以及南唐贡窑的研究提供了新的资料。

景德镇窑

景德镇的瓷器生产始于唐代，但目前并没有发现唐代的窑址。北宋初期，景德镇开始烧制青白瓷，但色偏黄，釉质较差，施釉不及底。到北宋中晚期，景德镇青白瓷的釉质晶莹如玉，白中闪青，积釉处呈水绿色，光泽度和透光性强。宋真宗景德元年（1004 年），因其青白瓷质地优良，遂以皇帝年号为名置景德镇，从此成为中国唯一的陶瓷生产重镇。

青白瓷釉色在青色和白色之间，与宋代白瓷相比，色调显得青绿一些，光泽度也好一些，而与青瓷相比，它又白了一些，釉层也薄很多。宋代景德镇青白瓷白里泛青，色泽如玉，玉润质美，胎白坚细。宋代文献记载，景德镇窑青白瓷在淳化年间（990—994 年）已进入宫廷库存备用。元朝人蒋祈在《陶记》中论及宋代景德镇窑业时说，景德镇瓷器"洁白不疵……皆有'饶玉'之称"。说明景德镇窑青白瓷有青白玉的质感，深受人们的喜爱。青白瓷产地在江西景德镇的湖田、杨梅岭、石荒湾等一百多处。此外，还有江西的吉安、南丰，浙江，广西，安徽，福建，广东等省都有烧造，从而形成了以景德镇为中心的青白瓷系，在民间影响很大，而湖田窑所产青白瓷质量最佳。景德镇窑烧造青白瓷主要造型有注子温碗、观音像、枕、炉、瓶、钵、洗、渣斗、香熏、盒、罐、壶、盘、碗、碟、水滴、水盂、玩具等，造型多样。

宋早期青白瓷多素面无纹，以清澈润洁的釉色取胜，稍后流行刻划花纹饰，多见花卉、人物、婴戏、水波游鱼、云气纹等纹饰。英国维多利亚与艾伯特博物馆收藏的北宋景德镇窑青白釉刻花婴戏图枕（图4-20），腰圆形，枕面微凹，通体施青白釉，釉色白种闪青。枕面刻划婴戏纹及花卉纹，枕侧刻龙纹。婴戏图多从日常活动中直接提炼而来，有骑竹马、童子背莲、垂钓、放风筝、打马球、扑蝴蝶、蹴鞠、戏鸟等。婴戏图画面丰富，表现形式多样，孩童神态各异，洋溢着自然活泼的情趣，通过对孩童嬉戏场面的生动描绘，表达了人们祈盼多子多福的美好意愿。此枕是景德镇

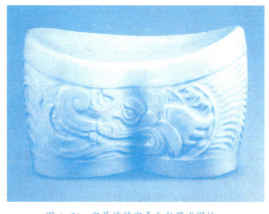

图4-20 宋景德镇窑青白釉婴戏图枕

湖田窑的代表作，因使用优质的高龄土，故该器瓷质精良，胎质细白，釉面光泽度强，有很高的透明度，有青白玉一样的感觉，纹饰具有浮雕效果。

北宋中期到南宋初期是景德镇青白瓷发展的高峰期，集中反映了宋代瓷业的最高成就。南宋时期部分优秀定窑陶瓷工匠流落到景德镇，增强了当地制瓷业的技术力量，在后来青白瓷造型、装饰上都或多或少带有定窑瓷器的风韵，有"南定"的美称。南宋后期，随着外销瓷数量的不断扩大，对于青白瓷器的需求和产量也不断增加，这时青白瓷的造型、装饰手法更加丰富，除刻划花外，印花装饰成为主导，有的还集刻画、印花、镂空等几种工艺于一身。景德镇成为南宋的产瓷重镇，并为元代景德镇成为全国瓷都奠定了坚实的基础。

湖田窑是景德镇最具代表性的窑址，位于今景德镇市东南约4公里的竟成乡湖田村，面积有1万多平方米，经历过多次发掘，出土青白釉瓷器最多，主要有碗、盘、碟、钵、罐、杯、壶、注壶（执壶、注碗）、瓶、枕、盒、盖、盏托、炉、灯、水滴、砚台、鸟食罐、瓷塑及象棋、围棋等。

目前各地宋墓和窖藏出土的景德镇窑青白瓷很多，辽宁、内蒙古、四川等较偏远的地区也有发现，说明青白瓷的流通范围很广。北宋时期钵、温碗执壶等比较流行，南宋时盒的产量大增，这与外来香料增多有关，用于盛装香料、化妆脂粉、药品等的小盒的需求量激增，景德镇还出现了专门生产瓷盒的窑场，部分瓷盒底部有"许家合子记"这样标明生产作坊的铭文。

建窑

建窑是宋代以烧造黑釉瓷器闻名的窑场，位于福建省建阳县水吉镇的后井村、池中村一带。在众多烧造黑釉瓷器的瓷窑中，建窑以烧造风格独特的黑釉碗、盏类瓷器而著名。

建窑窑址经历过多次发掘，其面貌基本清晰。根据文献记载及考古地层分析，建窑黑釉瓷创烧时间在北宋时期，南宋是其繁盛期。黑釉瓷器的主要产品是瓷碗，形制基本分为束口碗、撇口碗、敛口碗、盅式碗四种，特别是用于饮茶的撇口碗和敛口腕，又被称为"建盏"（图4-21），是建窑最受欢迎的产品。而灯、罐、钵、瓶、碟等其他器型仅占1%左右。建窑黑釉瓷器的胎质较粗厚，色呈黑灰、深灰、浅灰、灰白等多种颜色。釉色有绀黑、蓝黑、深蓝、深绿、酱褐色等，施釉方法以蘸釉为主，皆不到底。由于窑变而产生的特殊釉面效果，如兔毫纹、油滴斑纹、鹧鸪斑纹、玳瑁斑纹等，在阳光下光点闪烁耀眼，装饰效果奇特。此类黑釉瓷器比例较小，属于珍贵品种。

图4-21 宋建窑黑釉盏

建窑属于南方民窑，瓷胎较粗，其黑釉盏之所以在南宋时期兴盛流行，与宋代的茶风茶道有一定的关系。我们知道，饮茶的风尚自唐以来在社会上十分流行，到了宋代，人们不仅饮茶，还流行"斗茶"。

北宋初年宫廷茶文化十分繁荣，凡春秋大宴皆有茶仪。皇帝经常把贡茶作为奖赏，赏赐给官员、寺僧及百姓。士大夫文人聚会，往往也以茶仪为集会仪式，品茶论茶，写诗作画，不亦乐乎。宋徽宗还亲自撰写了《大观茶论》，倡导饮茶斗茶，对茶文化情有独钟。上行下效，饮茶之风在宋代逐渐由生活所需而演变为一种社会时尚，并渗透到社会的每一个角落。

"斗茶"又称"点茶"、"试茶"。宋代的茶是碾茶，即把一种半发酵的膏饼茶碾成细末，然后用烧沸的水点注，茶汤表面会浮起一层白沫。北宋蔡襄所著《茶录》曰："茶色白，宜黑盏，建安所造者绀黑，纹如兔毫，其坯微厚，熁之久热难冷，最为要用。出他处者，或薄或色紫，皆不及也。其青白盏，斗试家自不用。"文中专门提到因为茶色是白色，黑釉茶盏最适合用于斗茶，而建盏之所以受青睐，不仅仅是其色黝黑，而且胎比较厚，茶不容易冷却。建窑遗址出土的标本中，有一些盏底刻有"供御"、"进盏"等铭文，说明建窑确实为宫廷提供瓷器，是一座烧制贡瓷的民窑。

宋代烧制黑釉瓷器的窑址很多，如河北省曲阳县定窑、邯郸市磁州窑，河南省修武县当阳峪窑，江西省吉州窑，四川省广元窑以及山东、山西、陕西、浙江、广东等省都有黑釉窑，但都不如建窑黑釉器著名。

吉州窑

吉州窑位于江西中部吉安市。北宋早期，吉安窑主要生产比景德镇窑粗糙的青白瓷。南宋时期，因北方战乱，部分北方磁州窑系的陶工迁到南方，吉州窑也开始烧制白地釉下彩绘装饰品种的瓷器。吉安附近的青原山有丰富的瓷土和燃料，发达的水系使其南、北、东的交通十分便利，在吉安沿赣江两侧形成了一个窑场系列。

吉州窑最有代表性的窑址是位于吉安市南部 5 公里处永和镇西侧的永和窑。永和窑创烧于唐末五代时期，终烧于元末明初，宋代是永和窑的鼎盛时期。永和窑在数百年的生产中，吸收了景德镇窑、磁州窑、定窑、龙泉窑瓷器的工艺手段和装饰风格，逐步形成了具有区域特色的吉州窑产品，最具特色的是黑釉器，木叶纹装饰、剪纸贴花装饰以及特色彩绘等。器型主要有碗、盏、罐、瓶、炉、盆、枕、盒、器盖、玩具等，纹饰主要有蛱蝶、双鱼、鹿、喜鹊、回纹、海涛纹、折枝梅花、芦草、梅竹、锦地纹、莲瓣、蕉叶、人物故事等等。

木叶纹和剪纸贴花装饰的黑釉瓷器是吉州窑独具特色的产品，也是备受当今收藏者青睐的瓷器品种。木叶纹一般装饰在口大足小的斗笠碗的内壁上（图 4-22）。木叶纹装饰的创意可能来自树叶粘附的无意中，

图 4-22 宋吉州窑木叶纹碗残片

金黄或紫褐的树叶印在漆黑的碗壁上，宁静、素淡，给人一种深邃而超俗的意境，颇具禅意。木叶纹装饰工艺的方法是选用桑树、柚子树等叶形大、脉络清晰的树叶，通过浸泡发酵，去掉叶肉，贴附于胎壁上，然后上釉烧制而成。剪纸装饰可能来自擅长剪纸艺术的女性陶工。永和镇盛行剪纸手工，很多女性都擅长剪纸。擅长剪纸的女陶工把平时生活中的鞋花、帽花等剪纸用在了瓷器装饰上是吉州窑的一大创新，也是妇女参与瓷器制作的明证。剪纸贴花装饰的方法是将剪纸图案贴附在器物胚胎上，施黑釉后揭去剪纸，胎色与釉色对比形成图案，然后入窑烧制成型。

吉州窑瓷器在宋代国内和国外市场都有影响力，其独特的黑釉装饰深受追求禅意的日本茶人喜爱。当今日本国内八件国宝级（最高等级）中国古瓷器中就有一件宋代吉州窑贴花碗。

3 复古情怀——宋代仿古瓷器

宋代瓷器中出现了大量仿商周青铜器、玉器的礼器，成为宋代文化内涵中重要的一环。礼，作为中国儒家文化的核心，其本质含义是"社会秩序"。礼制是自古以来维持社会秩序的最基本手段。礼器又称"彝器"，是商周时期贵族举行祭祀、丧葬、朝聘、征伐、宴享和婚冠等活动时所使用的器皿，青铜所制，代表了封建等级秩序，以强化礼制思想。

北宋初期，朝廷宗庙祭祀追求恢复"三代之典"，北宋学者聂崇义编撰的《三礼图》正是顺应了这种需求，这可以看作是宋代仿古制作的先声。随后欧阳修的《集古录》、吕大临著的《考古图》以及北宋徽宗时期，设置议礼局，建造宣和殿，向民间搜求古器，宋徽宗亲自下令编撰《宣和博古图》，把仿古风尚推向了高潮。

古器物学兴起的另一个根源，是宋代理学思潮的兴盛，理学的核心思想在于儒家的礼治。宋代实行"兴文教、抑武事"、"以文德致治"的统治政策，文人拥有很高的社会地位，文人阶层逐渐形成了一套独特的程式化生活方式，以此来显示自身的优越性，其喜好和审美需求左右了时代风尚，他们成为仿古风尚的推动者。宋代文人书房陈设中，花瓶成为一种不可缺少的器皿，仿古瓷花瓶是这种礼器生活化的表现。睹物怀古、寄托理想的情怀不仅影响到文人对器物的审美，对当时瓷器产品的设计制作也产生了深刻影响。

宋代使用陶瓷礼器的时间大约在北宋中后期，宋神宗元丰元年，为了表示祀天"尚质贵诚之意"，祭器中如簋、尊、豆等使用了陶瓷器。南宋高宗中兴复古，于绍兴十四年（1144 年）成立礼器局，大量使用陶瓷礼器，将仿古陶瓷推向了顶峰，杭州"修内司官窑"被认为是一个以生产陶瓷礼器为主的御窑[1]。官窑仿古青铜礼器瓷器的制作，以及各阶层好古风尚的蔓延，也带动了民间窑场产品设计的改变，如鬲式炉、簋式炉、鼎式炉、贯耳瓶、觚式瓶、琮式瓶、方壶等仿古瓷器也成为民用产品的一部分。炉是用于焚香的器皿，瓶、壶多用于插花。扬之水先生在《宋代花瓶》[2]一文中指出"鲜花插瓶真正兴盛发达起来是在宋代"。"花瓶成为风雅的重要点缀，完成于有了新格

---

1 秦大树：《宋代陶瓷礼器的生产和生产机构》，《文物》2005 年 5 期。
2 扬之水：《宋代花瓶》，《故宫博物院院刊》2007 年第 1 期。

局的宋代士人书房。它多半是用隔断辟出来的一个相对独立的空间，宋人每以'小室'、'小阁'、'丈室'、'容膝斋'等为称，可见其小。书房虽小，但一定有书，有书案，书案上面有笔和笔格，有墨和砚，砚滴与镇尺。又有一具小小的香炉，炉里焚着香饼或香丸。与这些精雅之具相配的则是花瓶，或是古器，或其式仿古，或铜或瓷，而依照季节分插时令花卉。这是以文人雅趣为旨归的一套完整的组合。"

宋代瓷器模仿铜器的造型和装饰是带有普遍性的，五大名窑及民窑均烧制仿古瓷器，使用范围遍布大江南北。目前各大博物馆收藏的宋代仿古瓷器的来源一是清宫旧藏，二是墓葬、遗址、窖藏出土的。例如北京故宫博物院收藏的宋代哥窑簋式炉（图 4-23），器型模仿商周青铜簋，器底刻有乾隆四十一年（1776 年）御题诗；北京故宫博物院收藏的宋代钧窑月白釉出戟尊、龙泉窑青釉贯耳瓶、北宋晚期定窑弦纹三足尊；台北故宫藏南宋吉州窑牙白划花龙耳铺首纹壶等均为清宫旧藏。龙泉窑出土的鬲式炉、老虎洞窑出土的青瓷觚（图 4-24）、四川遂宁南宋窖藏出土的青瓷簋式炉等等，都是仿古造型的瓷器。

图 4-23　宋哥窑簋式炉

图 4-24　南宋官窑老虎洞窑青釉觚

仿古瓷器的风尚一直延续到明清，史学大师陈寅恪先生早在 20 世纪 40 年代初就指出："华夏民族之文化，历数千载之演进，造极于赵宋之世。"宋代崇尚文治，历届君王都酷爱文化艺术，尤其是宋徽宗、宋高宗，更是卓有成就的艺术家。好古尚古之风自宫廷开始，逐步蔓延至民间，仿古瓷器成为宋代瓷器中独具特色的一类。

4 民族风情——辽、西夏及金代瓷器

辽

辽（907—1125 年）是契丹人在北方地区建立的政权，与北宋疆域相邻于河北、山西北部。辽人常常侵扰宋境，俘虏汉人为奴。宋辽之间的战争持续了 25 年，1004 年澶渊之盟后宋、辽之间不再有大规模战事，相互贸易往来，相安共处百余年。契丹人是游牧民族，辽朝建立后，逐渐开始转向定居生活，陶瓷生产也作为手工业的一部分发展起来。辽境内出土的瓷器有两类，一类是受中原制瓷工艺影响的辽本地窑场的产品，数量很多；另一类是来自宋境窑场产品，数量少而精，是辽宋间相互往来和交流的见证。

辽境内瓷器窑场的出现在辽太宗会同年间（938—947 年）至辽世宗（947—950 年）之间，工匠是从离辽边境比较近的定州和磁州掳掠来的。目前已经发现的辽地瓷窑有 7 处：林东辽上京窑、林东南山窑、林东白音戈勒窑、赤峰缸瓦窑、辽阳江官屯窑、北京龙泉务窑、大同青瓷窑，其中规模较大，被认为是辽代官窑的赤峰缸瓦窑遗址经多次考古调查，其面貌较为清晰。缸瓦窑占地面积大约一平方公里，在辽初已开始生产白瓷器，胎白而偏黄，大器的胎中黑色杂质较多。该窑以烧白瓷器为主，同时还烧制白釉黑花器、茶叶末绿釉器、三彩及单色釉陶器。白瓷产品以杯、碗、盘、碟、壶、罐为主，釉陶器多为盘、碟、鸡冠壶、凤首瓶等。遗址内还采集到刻有"官"字款的匣钵和"新官"字款残窑具，结合宋元时期的文献记载，缸瓦窑被认为是辽王朝的官窑。故宫博物院收藏的缸瓦窑白釉剔划花填酱彩牡丹纹尊（图 4-25），高 39.5 厘米，口径 19.8 厘米，足径 15.8 厘米，胎体粗重坚硬，先施化妆土，后施透明釉。剔刻的牡丹纹是契丹人喜爱的花卉。这是一件传世品，在

图 4-25 辽缸瓦窑白釉剔划花填酱彩牡丹纹尊

缸瓦窑遗址发掘中发现了此类器物的标本后，才确定此罐为缸瓦窑产品。

辽境内出土的陶瓷器一类是本地窑场学习中原制瓷技术生产的产品，数量极大；一类是从中原地区输入的瓷器产品，特别是澶渊之盟以后，官方的榷场贸易、使者往来的私人采购以及边境的走私贸易都是中原瓷器进入辽境的途径。定窑是离辽境最近的著名瓷窑，因此，辽代早中期墓葬及塔基出土的精细瓷器主要是定窑产品，另外也有邢窑白瓷、越窑和耀州窑的青瓷。辽代晚期，景德镇青白瓷增多，定窑白瓷相应减少。

辽代瓷器从造型上可分为两大体系，一是中原传统造型的器皿，有梅瓶、盘、碗、碟、温壶、温碗、圆盒、枕、水注、渣斗、托盏、杯、罐等；一是契丹民族特点的器皿，包括从中原或中西亚地区引进，并经辽国工匠按契丹民族习俗需要加以改造而生产的，如鸡冠壶、盘口穿带瓶、凤首瓶、鸡腿瓶、海棠花式长盘、暖盘等。鸡冠壶，又称为马镫壶、皮囊壶，是最具契丹特色的瓷器，其造型直接仿制契丹人游牧生活中悬于马背的皮革制作的水器皮囊壶，因此早期生产的鸡冠壶在造型和细节上仍旧保留了皮囊容器的特点，例如有仿皮页、皮条、皮扣的制法，而且连缝合的针脚也在瓷器上表现出来，反映了契丹人从游牧到定居生活后，生活习惯改变后的需求与传统习俗、审美相结合的特点。内蒙古阿鲁科尔沁旗辽太宗会同五年（942年）耶律羽之墓是目前所知最早的辽纪年墓，此墓中出土的鸡冠壶（图4-26）和穿带瓶十分精致，是本地窑场烧制的，说明此时辽地瓷窑的烧制技术已经很成熟。

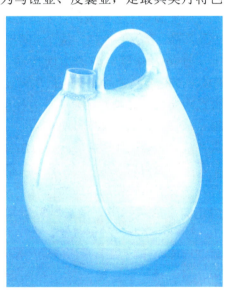

图 4-26　辽白釉鸡冠壶

有学者研究认为鸡冠壶的发展分成两个序列：穿孔序列和提梁序列。穿孔式鸡冠壶源于早期契丹族的皮囊容器，由辽前期陶质单孔鸡冠壶演变而来，后逐渐发展成为更加实用的扁身双孔鸡冠壶，到中晚期，稳定的定居生活已经不需要系绳悬挂的鸡冠壶，提梁式鸡冠壶成为主流。而提梁序列的鸡冠壶则源于中西亚阿拉伯地区的皮囊容器，唐朝时传入中原地区，辽继承了唐代的矮身横梁式鸡冠壶造型，逐渐形成一个完整的体系。

辽瓷的装饰技法与中原地区类似，有刻花、划花、贴花、印花及色釉装饰等技法。刻花线条较宽，有明显的刀锋痕迹；划花线条细柔，温婉流畅。另外还有少量雕釉（挂釉后再雕刻花纹）、剔粉（指施化妆土后再刻划纹饰）、填黑（花纹以外填施黑釉）工艺用于瓷器装饰。契丹人喜爱的纹样是牡丹花和野芍药花，另外多见的还有莲花、菊花、卷草，水波、流云、游鱼、蝴蝶等。釉色喜爱黄、绿、红、白、黑等色，辽三彩的基本色调多为黄、绿、白三种颜色，与唐三彩的基本色黄、绿、红不同，形成一种独特的三彩风格。

辽代中晚期，瓷器中大量使用盏托、"斗笠盏"、注壶、温碗等茶具及熏炉、粉盒等与中原保持一致的生活用品，说明契丹人在与宋人稳定的往来关系中，契丹贵族对宋人生活方式倾慕与模仿，饮茶、焚香等精巧雅致的生活方式逐步替代了契丹人车马为家、人仰湩酪的传统生活模式，这些生活细微之处所反映的正是契丹民族汉化的历程，在陶瓷器用的演变上表现得更为深入和具体。

西夏

西夏（1038—1227 年）是党项人建立的政权。党项人是羌族的一支，早期生活在我国西北青海一带，后逐渐内迁至今宁夏、甘肃地区，依附于唐王朝，并在长期掌控夏州地方政权的过程中强大起来。公元 1038 年党项首领元昊背宋自立，建国称帝，国号大夏，因其在宋朝西北方，中原地区习惯称之为"西夏"。西夏疆域范围包括今宁夏回族自治区、甘肃大部、陕西北部以及内蒙古自治区的西部地区，先后与两宋辽金对峙鼎立，共经十主，历时 190 年。西夏地处中西文化交流的丝绸之路上，形成了一种受中原汉文化影响为主的多元文化，同时又表现出很强的民族特色。由于西夏灭亡时，文物、典籍等都遭到毁灭性的破坏，西夏的历史文化面貌逐渐模糊而被后世所淡忘。20 世纪以来，凝聚了西夏人智慧和才干、展现了西夏人物质和精神生活的各类文献、文物的大量发现，使独具魅力的西夏文化在人们的视野中逐渐丰满起来。

手工业在党项人早年以游牧为主的经济生活中所占比重不大，主要是以家庭手工业为特色的毡毯制作、毛褐纺织以及酒类酿造等。立国后，西夏在与中原地区长期往来交流的基础上将其独具民族特色的手工业发展成为一个重要的经济部门，行业的主要分支均为官府掌控，据西夏仁宗天盛年间颁布的法典《天盛改旧新定律令》记载，中央政府机构设有铁工院、木工院、砖瓦院、造纸院、织绢司、金作司等专门机构，具体负责冶金、锻造、建筑、陶瓷、造纸、印刷、纺织等相关行业的生产和管理。产品主要不是用于商业交换，而是为统治阶级的奢侈生活服务。手工业生产者大致分为依附匠和自由匠两大类，依附匠主要来自于服苦役的罪犯与招诱、掳掠来的"生口"；自由匠为民间个体工。掳掠自中原地区以及向宋朝请赐的技术工人带来了中原地区先进的生产技术，部分有一技之长的手工业生产者有较高的社会地位。

西夏的陶瓷业是在其建国后发展起来的。目前在其境内已发现的瓷窑遗址有宁夏宁武磁窑堡、宁武县回民巷、贺兰县插旗口、银川缸瓷井、甘肃武威古城乡等处。其中时代最早、出土瓷器种类最多的当属宁武磁窑堡窑址（简称宁武窑）。已经发掘和征集到的西夏陶瓷器有生活用品，如碗、碟、豆、扁壶、瓶、罐、酒杯等；文房用品，如砚、砚滴等；娱乐用品，如围棋子、乐器埙等；建筑材料，如板瓦、鸱吻、屋脊兽、瓦当、滴水等；其他还有雕塑品、宗教用品、窑具等。这些器物从质地看，有粗细之分；从釉色看，主要以白釉和黑（褐）釉为主，且精品较多，还有少量的青釉、紫釉和姜黄釉；从装饰技法看，多刻花、剔花，纹饰多牡丹纹、莲花纹、动物纹等，常用开光形式的图案布局。

西夏的陶瓷业在文献中不见记载，因此，我们只能从西夏陶瓷遗物来窥视一二。宁武窑是目前发现的西夏最早的瓷窑，其起烧时间已是西夏立国中期，处于西夏经济较繁荣的时期，而且一开始就表现出比较成熟的烧造技术，因此可以推定该窑在建立之初就应该拥有一定数量的制瓷业技术工匠，工匠的来源可能是1126年左右西夏占领武州（今山西五寨县境内）等地时，从山西北部河曲等窑厂掠走的部分制瓷匠人。

西夏陶瓷器的烧造受定窑和磁州窑等北方窑系的影响较多，但与宋、辽相比，釉色、胎质、烧制水平以及技法等方面均有一定的差距。瓷器的造型和装饰技法在模仿中原的同时，也创制了一些独具本民族特色的产品，扁壶就是其中最突出的一种。扁壶是西夏人所喜爱的用于装水、盛奶、灌酒的生活器皿。器形扁圆，两侧有双耳或四耳，以便穿绳提拿或携带，有的壶腹部正反两面各有一圈足，背面圈足以便平稳的卧放，正面圈足有对称和加固胎体的作用；有的只有一侧有圈足；也有的小型扁壶没有圈足。这种造型应该是从游牧民族盛水的皮囊演变来的，其形状非常适宜于在马背或驼背上吊挂携带。中国国家博物馆收藏的一件黑釉剔刻花四系扁壶（图4-27）是西夏瓷扁壶中最精美的一件，腹部正面褐釉剔刻两组牡丹花纹是西

图4-27　西夏宁武窑扁壶

86

夏常见的装饰手法，背面有圆形圈足，侧边缘还有仿自皮囊壶缝线的堆刺纹。

西夏陶瓷器生产中的另一特色就是大量的釉陶建筑构件。位于宁夏银川西夏王陵遗址中的陵台虽然看起来只是一个个土堆，但是上面残留的琉璃瓦碎片告诉我们它们曾经碧瓦重檐，装饰华丽。蒙古人灭夏时毁灭性的破坏，让后人无法知道西夏宫殿、陵园的原貌，只能从出土的各种建筑构件中想象其昔日的辉煌。目前已发现的陶瓷建筑构件有白瓷板瓦、琉璃鸱吻、瓦当、滴水、屋脊兽、伽陵频迦等。精致的白瓷板瓦、高大的龙首鱼尾鸱吻、立体造型的屋脊兽和伽陵频迦，都反映了西夏较高的陶瓷制作工艺。

西夏陶瓷业的技术水平虽不及宋、辽，但也较为发达，陶瓷产品数量大，品种多，既有供官府使用的较精细的陶瓷器，也有供民间使用的粗陶粗瓷；既有模仿中原的器型，也有如瓷扁壶那样独具本民族特色的器物。因此，西夏陶瓷应该在中国陶瓷史上占有一定的地位。

金

金（1115—1234年）是女真人在东北和华北地区建立的政权。1115年，女真人完颜部族首领完颜阿骨打在会宁府（今黑龙江阿城地区）称帝，国号大金。随后金联合宋王朝开始发动灭辽战争。1125年金占领辽的燕云之地，辽天祚帝耶律延禧在宋辽边境的应州（山西应县）被俘，辽灭亡。随后金毁约继续南下侵宋，1127年金兵攻破东京（今河南开封），俘虏了宋徽宗、宋钦宗父子以及赵氏皇族、后宫妃嫔、朝臣等3000余人，北宋灭亡。宋徽宗第九子康王赵构在南京应天府（今河南商丘）继承大宋皇位，后迁都临安（杭州），重建朝廷，史称南宋，从此形成南宋与金南北对峙百余年的局面。

金建国以后，在辽、北宋原有的基础上，金代的陶瓷业获得了进一步的发展，成为金朝比较发达的手工业行业之一。金代陶瓷器的生产分为前后两个时期，一般以1153年海陵王完颜亮迁都燕京（金中都，今北京）为界，前期是指迁都以前在东北地区的陶瓷生产，后期是指迁都以后所辖关内地区的陶瓷生产。

金代前期位于东北地区的窑场是在辽王朝的窑场基础上发展起来的，辽宁抚顺的大官屯窑和辽阳的江官屯窑是金代东北地区瓷窑的代表。生产的瓷器绝大多数属于日用粗瓷，釉色有黑釉、白釉、酱色釉、茶绿色釉等，釉面浑浊，胎质粗糙，器型多为盘、碗、碟、瓶、罐、壶等日用器，瓶、罐、壶一般有双系、三系、四系。

金代后期关内地区的陶瓷业，主要是在北宋窑场的基础上恢复和发展起来的。北宋时期北方地区的著名窑场（如定窑、磁州窑、耀州窑、钧窑等）都落入金王朝的统治区，宋金战争的混乱局面对这些窑场的生产带来很大的冲击，在金世宗完颜雍即位之前（1161年之前）的二三十年间，这些窑场几乎处于停滞的状态。在金世宗执政的30年间，金王朝的经济得以恢复和发展，作为重要手工业产业的陶瓷生产也逐步得以恢复和发展，考古发现金代墓葬出土的纪年瓷器基本是从金世宗大定年开始的，北方的这几处宋代著名窑场重新开始恢复活力。

定窑在北宋时期曾为贡窑，是北方中原地区影响力最大的窑场。金代恢复瓷业生产后，定窑沿袭了北宋晚期以来的工艺，流行器型（如折腹盘、斗笠碗、平底盘等）都是北宋晚期典型的器型，刻花纹饰（如萱草纹、双鱼纹、单枝莲花纹等）也是北宋晚期以后流行的纹饰。烧造仍以覆烧工艺为主，同时新创砂圈叠烧法，即在碗盘等器物的内底刮掉一圈釉，以便上面叠摞圈足无釉的同类器物入窑烧制，这种方法大大提高了每次出窑产品的数量，降低了成本，一般用于民用粗瓷，更好地满足了民用需求。金代中晚期，印花装饰大量应用，逐渐取代了刻花装饰，大概也和印花装饰生产效率更高有关。

由于定窑位于金王朝的中心地区，因此定窑产品在金统治区域以绝对的优势占领北方市场，其产品行销范围极广，目前所发现的金代墓葬和窖藏中的瓷器主要是定窑的产品（图4-28），南方瓷器产品在金的辖区发现很少。但是在南宋辖区，墓葬和窖藏中发现的定窑产品相对较多，这些通过宋金贸易远销南宋的定窑产品，集中出现在江苏、浙江、四川等宋金交界地区、南宋统治中心区域及经济发达的城市。作为宋金榷场贸易地的泗州，还出现

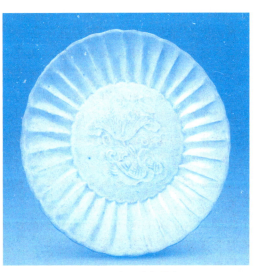

图4-28 金定窑印花盘

了仿定窑瓷器的泗州窑，说明定窑产品在南方也非常受欢迎。

钧窑，在"官钧"时代为元末明初的新观点下，金代钧瓷被认为是北宋末年"汝钧"的延续，金墓中所出土的钧瓷大都属于此范畴。钧州之名始于金代，因此有学者认为钧瓷始于金代。从目前研究的情况看，大致认为金代钧瓷始于北宋末年仿汝民窑，宋室南迁之后，汝官窑停烧，而汝民窑仍然继续生产，成为金代中原地区青瓷的主要窑场并逐步兴盛，形成了风格独特的钧瓷，金中期以后成为北方地区比较有影响力的品种。

从金代墓葬和窖藏出土的钧瓷看，器型多碗、盘、碟、瓶（图4-29），胎质细密紧致，制作不太规整。釉面润泽有开片，多天青色和天蓝色，在颜色上已掌握人工调配的技巧，有的带有红色、紫色晕斑，或呈玫瑰般娇艳，或似晚霞一片，色彩错综复杂，绚丽灿烂而无雷同。南宋境内也出土有少量钧窑瓷器，出土地主要有陕西略阳封家坝南宋窖藏、浙江宁波唐国宁寺东塔遗址以及浙江宁波唐宋子城遗址。时代为南宋中后期至元初。器形只有碗。釉层较厚，釉色为天蓝色至青蓝色不等。

耀州窑延续北宋时期的工艺继续烧制刻花和印花青瓷产品，主要特点是釉色偏淡绿，到晚期釉色呈青黄或姜黄色，同时还烧制月白釉、黑釉、酱色釉和白釉黑花。器壁增厚，纹饰更加简约。器物以碗、盘为主，也有罐、盆、三足炉等，在烧造技术上多采用砂圈叠烧法，主要生产民用瓷器，同时也烧制少量精品瓷。

图 4-29　金钧窑长颈瓶

磁州窑继承和发扬了北宋磁州窑系的风格，并且有新的创新。金世宗、章宗时期是金代磁州窑烧造的鼎盛时期。从出土的瓷器看，金代磁州窑产品仍以白釉黑花瓷器居多，胎质轻薄，白釉多泛青色，器型有碗、盘、碟、盆、盏托、酒盅、瓷枕、花瓶等多种，还大量烧造黄、绿釉器皿，器型有方形双耳瓶、兽面衔环圆花瓶、三足香炉等。白釉黑花器达到了较高的水平，装饰技法有刻花、剔花、绘花、印花以及雕塑加彩等。

白釉红绿彩是金代磁州窑系所新创的一种装饰方法，即用毛笔蘸红、绿等颜料，在已经高温烧成的瓷器釉面上描绘花纹，然后置于800摄氏度左右的窑炉中进行第二次低温烧制而成的釉上彩瓷。金代红绿彩的工艺技术对元代景德镇釉上彩瓷器的产生和发展有着极其深远的重大影响，为中国元明清釉上彩瓷的发展首开了先河，在中国陶瓷史上尤其是在彩瓷发展史上占有非常重要的地位。

河南、河北、山西、山东、江西等省都发现了生产红绿彩瓷器的窑址。

从目前出土的红绿彩瓷器看，山西地区多生活用品和瓷塑，如碗（图4-30）、盘、碟、钵、女俑等；河北地区多仕女、文官、童子等人物俑和佛像、菩萨像[1]。

图 4-30　金代红绿彩碗

除上述几个名窑之外，金代比较重要的窑场还有山东淄博的磁村窑，安徽地区的宿州窑、泗州窑、肖窑。金代淄博磁村窑以生产白瓷为主，在纹饰技法上，除宋代的原有剔刻以外，新出现了篦纹、白釉黑花、加彩、绞釉等，该窑生产的黑釉起白线纹器（当地称之为粉杠），是金代瓷器中最富有特色的品种之一。而安徽地区的宿州窑、泗州窑、肖窑三窑所烧瓷器具有中原地区定窑和磁州窑产品的风格，属于瓷器贸易地区就近仿制热点商品而形成的窑场。

---

1 吕军、周高亮：《山西河北地区出土的金代红绿彩瓷器的比较研究》，《文物世界》2011年2期。

5 繁盛海贸——瓷器的对外贸易

宋代是我国经济发展史上的一个繁荣时期，经济和科技文化都有了长足发展。这一时期，中国与周边及西方诸国的海上贸易有了飞速的发展，交易范围及交易量明显扩大，据当时人所著的《诸蕃志》、《岭外代答》等书所载的国家地区就多达 50 余处。宋代远洋航海贸易的发达与宋代商品经济、航海技术的发展及政府重视的程度关系密切。宋代的工商业和手工业发展迅速，市镇已经趋于自由贸易的工商业化，"坊市合一"是宋代城市商品经济发展的一个重要表现特征。北宋都城开封和南宋都城临安，城市人口都超过百万，是当时世界上最大、最繁华的大都市。商品经济的繁荣，需求量的增加，促使了手工业的快速发展。宋代手工业中，官办手工业仍有相当重要地位，少府监下的文思院掌管有玉、银泥、扇子、捏塑、牙、销金、绣、刻丝等四十二作，大规模的陶瓷生产和丝织则另有专官。民间手工业独立存在并有行会管理，陶瓷生产更是遍地开花，目前在 130 多个市县发现有宋代的窑址。

由于契丹、西夏、女真、蒙古等北方少数民族政权一直与宋室抗衡，汉唐开拓的西域丝绸之路基本断绝，宋与海外诸国的贸易往来只能走海路，海外贸易的商税越来越重要，南宋最为鼎盛时期，市舶收入几占国家财政收入的 20%。宋初时在广州设立市舶司，主要职责包括收购海外货物，用以禁榷（宋朝规定某些货物只可由官方专卖，这种贸易称为"禁榷"贸易）或上缴中央；接待各国贡使；招徕、管理和监督外商；管理本国商船及办理海外贸易征税等。后逐步在杭州、明州（今宁波）设市舶司，在泉州设市舶使、秀州华亭县（今上海松江）设市舶场；南宋时期又在温州、江阴军增设市舶务，在秀州海盐县澉浦镇增设市舶场，从事海贸的地区在逐步增加，几乎遍布东南海沿线。广州和泉州便于与南海诸国贸易；杭州、明州和板桥镇，则便于与高丽和日本通商。大宗外销瓷器主要是浙江的龙泉窑青瓷、福建的德化窑白瓷、景德镇窑青白瓷及沿海地区的诸多民窑产品。

宋代航海技术突飞猛进，指南针的发明，罗盘应用于航海，使船只在不能观测星象的情况下仍能保持正确航线持续航行，此时中国海船建造水平远远领先于阿拉伯船只，处于世界前列。宋代出使高丽的神舟，身长达 16.87 丈，载重约 1000 吨，其规模与郑和"宝船"相近。中国制造的海船在安全性、适航性、载重量方面都具有无比的优越性，成为海外贸易航线上的主角。

宋代出口商品主要有瓷器、丝麻纺织品、金属制品、日用品和食品五大类，其中瓷器占了货物的大部分。瓷器作为中国特有的商品，坚致美观、方便洗涤，是理想的饮食用器，也是许多国家首选的中国商品，瓷器成为当时对外贸易中输出最多的商品，中国的海上丝绸之路也被学者称为"陶瓷之路"。上世纪 80 年代末以来，在中国南海海域发现并打捞的华光礁沉船与"南海一号"两个南宋时期沉船，充分反映了宋代海外贸易货船的真实面貌。

"南海一号"沉船位于阳江市东平港以南约 20 海里处，是目前发现的最大的宋代船只，木船为尖头船，长 30.4 米，宽 9.8 米，船身（不算桅杆）高约 4 米，排水量估计可达 600 吨，载重近 800 吨。2007 年 12 月，经历了多年勘察、研究、器物打捞工作的"南海一号"古沉船被整体起吊出水，并移入提前在广东阳江海边建造的被称为"水晶宫"的海上丝绸博物馆中，实现对外展示和船体遗物清理工作同时进行。2015 年 1 月，经过 7 年的保护发掘，沉船表面的淤泥、海沙、贝壳等凝结物被逐层清理，船舱内超过 6 万件层层叠叠摆放的南宋瓷器得以重见天日。"南海一号"出水的瓷器包括景德镇、龙泉、德化、磁灶、义窑、建窑等多个窑系的几十种类型瓷器产品。景德镇青白釉瓷器和龙泉窑系瓷器以碗、碟、盘为主；德化窑系瓷器器型比较丰富，有碗、壶、盘、罐（图 4-31）、瓶、盒等，磁灶窑系和义窑系瓷器器型以碗为主。

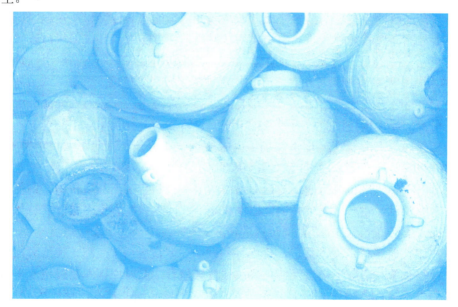

图 4-31　"南海一号"出水瓷器

"华光礁一号"沉船位于西沙群岛华光礁附近海域，1998年和2007年的两次水下考古完成了对此处南宋沉船的发掘工作，揭开了此船的真容。据研究推测，"华光礁一号"沉船是福建制造的适用于远海航行的优良船舶，使用了先进的水密隔舱海船制造技术，沉没于中国海上丝绸之路的必经之地。残存船体长约17米、宽7.54米，舷深3—4米，共发现隔舱11个，排水量初步估计大于60吨。出水文物逾万余件。其中以陶瓷器为主，另有铁器、木质船板以及少量铜镜残片。据统计约有7000余件基本完整的陶瓷器，主要包括福建德化窑青白釉系产品、仿建盏的黑釉器、南安窑青釉系器、磁灶窑酱黑釉器、景德镇窑青白系产品（图4-32）。

图4-32 "华光礁一号"出水瓷器

宋代瓷器在日本、韩国、菲律宾、马来西亚等国家均有发现，特别是在日本，从寺院遗址、祭祀遗址到城镇遗址，景德镇窑系的青白瓷和龙泉窑系青瓷均有大量出土，几乎遍及全国各地。日本人对建窑黑釉器评价很高，称其为"天目釉"。南宋嘉定十六年（1223年）日本曾派人到福建学习烧造黑釉器的方法，他们回国后创烧了后世被人称颂的"濑户物"黑釉瓷，对日本陶瓷业的发展影响很大。日本一直对宋瓷十分推崇和喜爱，目前日本国内收藏的古代陶瓷器中有14件被定为国宝级（最高等级），其中8件是中国古瓷器。在这8件中国古瓷器中大部分是宋代瓷器，即有4件宋代建窑黑釉盏、1件南宋吉州窑瓷碗、3件宋元龙泉窑青瓷器。

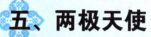

五、两极天使
——元代瓷器的简与繁

蒙元统治中国虽然仅持续了90多年，但在历史上对中国的政治、经济和文化都产生了深远的影响。元代把以儒家学说为骨干、兼收佛道思想的"理学"与政权结合起来，变成一种实用性的教本在全国推行，并逐步成为约束人们思想和行为的教规；其等级政策让读书人地位低下，摧毁了宋以来文人士大夫阶层闲雅的生活方式。在经济上重视农业、手工业和海外贸易，在瓷器生产上一方面各窑场延续前代的生产，如磁州窑、龙泉窑、钧窑和德化窑等。另一方面逐步形成以政府及区域需求为特色的生产方式。例如政府在景德镇设置浮梁瓷局，掌管瓷器烧制，专门烧制官府用瓷，促进了景德镇瓷业迅猛发展，出现了高温枢府釉、釉下青花、釉里红、蓝釉和红釉等创新品种，使瓷器烧造更加精致、细腻与繁复。景德镇逐渐成为全国制瓷中心，而全国烧制精品瓷器的窑场数量越来越少，大部分窑场生产民用粗瓷，形成精与繁、粗与简各持的两极分化局面。

1 景德镇制瓷业的崛起

　　元代景德镇制瓷业在宋代基础上迅猛发展，产销兴旺。特别是元政府在景德镇设立了"浮梁瓷局"，专门烧造官府用瓷，对景德镇的制瓷业起到了很大的促进作用。《元史》"百官·将作院"记载："浮梁瓷局、秩正九品，至元十五年（1278年）立。掌烧造瓷器，并漆造马尾琮、藤笠帽等事。大使、副使各一员。"宋代景德镇窑青白瓷的烧造十分成熟，为元青花瓷的烧制成功奠定了基础。附近高岭土的发现和使用，胎土由单一配方变为瓷石加高岭土的二元配方，成品率得以提高，使元代景德镇的制瓷业有了突飞猛进的发展。创烧了枢府釉、釉下青花、釉里红以及高温颜色釉瓷等。

　　青白瓷是北宋景德镇窑创烧品种，釉色白中泛青，青中有白，胎质薄而致密，釉色莹润光亮，光照见影，因此又称为影青瓷，有青白玉的质感。元代青白瓷釉色较宋代略显青色，器物造型多厚重饱满，胎体较厚，薄胎较少。青白瓷在元代仍持续大量生产，装饰方法较宋代更丰富，有印花、贴花、刻花、双层镂雕、深浮雕、堆贴、瓷塑、露胎堆贴等，技法娴熟。器物造型除佛像、观音像外，还有香炉、各式壶、各式瓶、枕、灯、罐、尊、盏托、盒、花盆、杯、碗、盘等器。元代晚期由于枢府卵白釉瓷器的出现以及青花瓷器的烧制成功，影响了青白瓷的发展，到元代晚期开始逐渐衰退。元景德镇窑青白釉观音坐像（图5-1），观音呈半盘腿趺坐状，头戴冠，面部饱满，五官端正，身穿衣，贴体的帔帛，线条流畅，衬托出优美的形

图5-1　元景德镇窑青白釉观音坐像

体和轻柔薄纱的质感。胸前袒露并饰以缀珠璎珞，腹部饰珠玉缨络纹，双手放于膝部。神态安详，体态婀娜。通体施青白釉，釉色白中闪青。形象生动，雕刻精细。青白釉观音像在宋元时期制作较多，人物形神兼备，造诣精湛，观音多面部饱满安详，慈眉善目，神态端庄，特别是身体部位的刻画非常细腻，充满了艺术魅力，本品代表了元代青白瓷塑的制作水平。与1969年北京元大都遗址出土的元代景德镇窑青白釉观音坐像相近。

元代是中国瓷业生产的重要时期，景德镇瓷器生产迅猛发展，代表了中国瓷业发展水平，逐渐成为全国制瓷中心，形成了"工匠来八方，器成天下走"的局面。元代文献记述了景德镇瓷业的繁荣之象："窑火既歇，商争取售，而上者择焉，谓之捡窑。交易之际，牙侩主之……运器入河，肩夫执券，次第件具，以凭商筹，谓之非子。"瓷器生产的繁荣，也折射出元代国运昌盛之象。《元史》记载，当时经海上与元朝保持贸易的国家有20多个，包括西亚、东南亚、南非等国。景德镇瓷器也通过海外贸易输往这些国家。元人汪大渊在《岛夷志略》中记载了瓷器出口有青白花瓷（青花）、青白瓷、青瓷（龙泉）等。

2 元代瓷器的创新

　　元代景德镇窑除继续烧制传统的青白瓷外，还创新了一些品种，如卵白釉瓷、青花瓷、釉里红瓷、青花釉里红瓷、釉上彩、蓝地白花、高温蓝釉等瓷器品种。元人汪大渊在所写的《岛夷志略》中曾记载了当时出口瓷器的品种有青瓷、青白瓷、青白花瓷（青花）。明初曹昭在《格古要论》中也记载："近世有青花及五色花者，且俗甚。""近世"应指元末明初时期。清人蓝浦在《景德镇陶录》中记载："镇瓷在唐宋不闻有彩瓷，元明以来多青花。"

　　卵白釉瓷器：又称枢府釉瓷器，胎体厚重坚硬，胎色洁白，釉犹如鹅卵白且略带青色，品质较好的器物有模压印花图案进行装饰，器壁多带有两两相对的文字，如"枢""府""福""禄"等字，因此这种瓷器通常被称作枢府瓷，或者卵白釉瓷。器型常见盘、碗等器。枢府瓷根据质量和用途大致可分为三类，一类为贡品，最为精致，专门供给宫廷，作为皇家祭器或者日常使用。二类为公用瓷，由官府定制，有"枢""府"字样的就属于此类，根据定制者不同，所印字体不同。三类为商品瓷，模仿有"枢"、"府"字样的器物，品质较为粗糙，但价格便宜，大量销往海内外。如景德镇窑枢府釉盘（图5-2），通体施卵白釉，釉色白中泛青，胎质坚硬，内壁印花装饰并有"枢""府"二字。

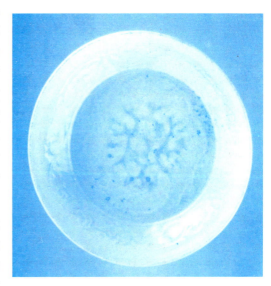

图5-2　元枢府釉盘

　　青花是用氧化钴为颜料，在素胎上绘画，再罩玻璃质透明釉，经高温一次烧成的釉下彩瓷。典型元青花青料多使用从波斯进口的"苏麻离青"料，青花色泽浓艳，纹饰丰富多彩。青花属高温釉下彩瓷器，创烧于唐代河南巩县窑，元代青花瓷已经达到非常成熟而精美的程度。元青花瓷器造型多样，青花发色青翠浓艳，青花纹饰丰富多彩，纹饰画面主次分明，浑然一体。元代是中国青花瓷器烧造工艺发展历史上的重要里程碑。元青花云龙纹罐（图5-3），高28厘米，腹部绘二条行龙，奋爪腾身，神态威猛矫健，有翻江倒海之势，辅助纹饰有海水纹，莲瓣纹内八大码纹，变形莲花瓣内绘有朵云、火焰、多花、杂宝等。进口"苏麻离青"青料绘制，呈色浓艳鲜丽，浓厚处有黑色锈斑，时代特征鲜明。

图5-3 元青花云龙纹罐

　　釉里红是元代景德镇窑创烧的釉下彩瓷器。用氧化铜为呈色剂，在已经成型的瓷坯上绘画，然后再施一层透明釉，在高温还原焰中烧成。由于釉里红烧制对窑室中的气氛要求十分严格，烧成难度大，元代的釉里红瓷器产量低，数量非常稀有，故弥足珍贵。元代釉里红瓷器的装饰技法有三种，一是用铜红彩在胎体上绘画纹饰，二是用铜红单线勾勒，三是涂抹色地及斑块等装饰技法，并经常与刻划花、印花、堆塑结合在一起。元代釉里红瓷器造型有大罐、玉壶春瓶、梅瓶、塔式盖罐、楼阁式谷仓、双系扁瓶、高足杯、匜、诗句盘、碗、四系罐和小件器皿等。江西高安市博物馆藏元代釉里红开光花鸟纹大罐（图5-4），非常精美，釉里红发色鲜艳亮丽，绘画精美。元代釉里红瓷器主要纹饰有云龙、云凤、花鸟、玉兔、四灵、文字诗句、凤穿花、芦雁、灵芝、莲花、菊花、牡丹和双鱼纹等。

图5-4 元釉里红云龙纹罐

　　青花釉里红也是元代景德镇窑创烧的釉下彩瓷器。这种在同一器物上由两种釉下彩并用进行绘画的品种，从元代一直到明清，景德镇御窑厂均有烧造。由于钴青料与铜红料对烧成温度以及窑室气氛要求不同，烧成难度大，故元代青花釉里红瓷器存世不多。1964年河北保定窖藏出土了两件元青花釉里红开光镂花盖罐（图5-5），腹部四面开光镂雕四季花卉纹，四季花卉和山石图案用釉里红描绘，色泽艳丽。

景德镇窑釉上彩包括红绿彩和五彩；在烧好的瓷器釉面上用红、绿两色或红、绿、黄三色绘制图案花纹，再经低温烧成。日本东京国立博物馆收藏的元红绿彩狮子戏球玉壶春瓶（图5-6）、日本根津美术馆收藏的红绿彩宝相花纹玉壶春瓶，是元代景德镇窑釉上红绿彩瓷器的代表，另外还见

图5-5 元青花釉里红盖罐

有元代红绿彩高足杯，红、绿、黄五彩器残片等。还见一种立粉堆花五彩，在烧好的瓷器釉面上（多以枢府青白釉瓷为底），用立粉堆花技法，堆出凸起的纹饰轮廓线，在纹饰线上施多种色彩，有黄、绿、紫、红、孔雀蓝及金彩。此种工艺受西域铜胎捏丝珐琅工艺影响，别具一格。器形有高足杯、碗、香炉和玉壶春瓶等。纹饰多见栀子花、莲瓣、八宝、缠枝花、梵文和云龙纹等。

蓝釉是元代景德镇创新的品种，又称宝石蓝，是用金属钴作着色剂与釉料相混合，直接涂于瓷胎上经过高温烧成，是元代景德镇创烧的高温色釉瓷器。多为素面或蓝地白花、蓝地金彩装饰。最精彩的蓝地白花瓷器有扬州博物馆收藏的元蓝地白龙戏珠纹梅瓶（图5-7）和蓝地白龙纹盘等。元

图5-6 元红绿彩狮子戏球玉壶春瓶

代蓝釉金彩瓷器见有蓝釉描金马盂（图5-8）、蓝釉描金梅花碗和蓝釉描金爵杯等，十分珍贵。蓝釉瓷器的烧制成功，与蒙古人崇尚蓝色是分不开的，蒙古人认为蓝色象征着苍穹和东方，将"永恒蓝天"作为最高之神。另外，成吉思汗曾多次征服中亚、西亚地区，打通了交通要道，随后大批的波斯人、阿拉伯人、突厥人来到中国，带来了伊斯兰文化。西域的音乐、医学、手工艺品、文化习俗等也传入中国。伊斯兰文化的主色调是蓝色，蒙古族受波斯文化的影响，喜欢蓝色的纹饰。所以，蓝色和白色是蒙古人最喜欢的颜色，体现在瓷器上那就是蓝釉白花和青花瓷器的烧造成功。

图 5-7　元蓝地白龙戏珠纹梅瓶

图 5-8　元蓝釉描金马盂

3 一枝独秀的元青花瓷器

元青花瓷器的发现及"至正型"元青花

青花瓷始创于唐代巩县窑，成熟并兴盛于元代景德镇窑。元青花在宋代釉下彩工艺的基础上逐步完善，形成其独特的艺术风格。明、清时期达到顶峰。唐代是青花瓷发展的萌芽时期，到元代至正时期青花瓷已经达到非常成熟而精美的程度，成熟的元青花瓷器造型多样，青花发色青翠浓艳，纹饰丰富多彩。

对于元青花的认识和研究是在 20 世纪 50 年代才开始的。明清和民国时期都没有人做过系统研究。第一位研究元青花的是一位美国人叫波普，他研究的元青花瓷器是一对元青花云龙纹象耳盘口瓶（图 5-9），现藏于英国大维德中国艺术基金会。高 63.6 厘米。青花绘八层纹饰，从上到下依次为缠枝菊花纹、蕉叶纹、凤纹、缠枝花卉纹、云龙纹、海水纹、缠枝牡丹纹、变形荷花瓣纹。青花色泽鲜艳翠蓝，纹饰布局严谨规整。这对大瓶的颈部有题铭："信州路玉山县顺城乡德教里荆塘社，奉圣弟子张文进喜舍香炉、花瓶一副，祈保合家清吉，子女平安。至正十一年四月，良辰谨记。星源祖殿胡净一元帅打供。"题铭说得很清楚，至正十一年，就是公元 1351 年，一个名叫张文进的人花钱定烧的瓷器供奉，以保家人平安。供器有三件，一个香炉和这对供瓶。瓷质供器一般由宗教信徒花钱定烧购买，用于施舍供养于寺庙或道观，希望通过施舍供器的方式，确保家宅平安，大吉大利。

这两件青花供瓶原是北京智化寺案前供器，1929 年被闽籍旅英华侨吴赉熙运至英国，香炉

图 5-9 元青花云龙纹象耳盘口瓶

则下落不明。英国学者霍布逊曾于1929年首次介绍过这对带"至正十一年"款的青花云龙纹象耳盘口瓶，在当时并没有引起人们的注意。1952—1956年间，美国芙利亚展览馆馆长波普博士就以这对元"至正十一年"青花云龙纹象耳瓶为标准器，对西亚土耳其伊斯坦布尔托普卡比博物馆和伊朗德黑兰阿德比尔神庙所收藏的中国元青花瓷进行了研究，找到数十件"至正型"元青花瓷器。随后，在欧美、日本、东南亚、香港等地区也发现了一些被称为"至正型"的元青花瓷器。

"至正型"青花瓷器是元青花瓷器中最成熟和最精美的瓷器，也是最具艺术价值的青花瓷，代表了元青花瓷器的发展水平。在当时，这类元青花多出口西亚地区。主要特征为：施泛青的透明釉，青花用进口的苏麻离青料，青花发色浓艳青翠，青花线条边缘有晕散，浓厚处有黑色锈斑，显现出"锡光"。构图满密、层次丰富、绘画工整。大盘纹样多由三至五层满密的图案组成，瓶、罐多层次绘画装饰，多的达九至十二层，留的白色底釉不多，称为"满画"。纹样主题突出、繁而有序、层次清晰，绘画潇洒自如，笔线有力，洒脱飘逸，给人以华丽浑厚、漂亮悦目的感觉。画工娴熟精美，纹饰布局规整。器型硕大。也有一部分工艺与之相同的中、小型器。至正型青花瓷器多用于外销，主要出口西亚。上面提到的带"至正十一年（1351年）"铭的元青花云龙纹象耳盘口瓶，说明了至少在元至正年间，元代青花瓷器的烧制已经相当成熟和精美，达到了登峰造极的地步。

关于"至正型"元青花瓷器时间的上下限，目前很难确定，根据至正初期生产的一些青花瓷器，青花用国产青料，烧制不是很精的情况看，成熟的"至正型"青花瓷应开始于至正初期以后。从至正十二年（1352年）开始，景德镇地区一直战争不断，到至正二十年（1360年），朱元璋率军已经控制了景德镇。战争使进口青料"苏麻离青"的来源受阻，也破坏了景德镇以外贸外销为主的青花瓷器的生产，"至正型"青花瓷也开始步入终结。

元青花瓷以钴料绘制，以平涂为主，结合勾、皴、点、染技法，潇洒自如，线条苍劲有力。绘画充分发挥蓝白的艺术效果，有白地青花、蓝地白花或青花线描的技法，绘制精绝，元青花釉下彩绘画前无古人，后无来者。此外，青花与刻花、印花、镂孔、贴塑等技法相结合，收到各自不同的艺术效果。

国内元青花出土和收藏情况

近几十年，随着我国考古工作的不断开展和深入，在我国十几个省市都先后出土了元青花瓷器。这些元青花瓷器大部分是20世纪50年代以后陆续出土的，出土地点有元大都北京的后英房遗址、旧鼓楼大街窖藏、安定门、西直门瓮城；江西景德镇的湖田、珠山，江西吉州、高安、德安、九江、波阳；江苏的南京、丹徒、金坛、扬州；湖南的常德；浙江杭州、江山；河北的保定；内蒙古的库伦旗、赤峰、集宁、哲里木盟；安徽蚌埠、安庆；四川的雅安、三台；云南的玉溪等等，都有元青花出土其中较为重要的发现有：河北省保定市元代窖藏、江西省高安市元代窖藏、元大都遗址等。

1964年河北省保定市元代窖藏出土了6件元青花瓷器，有海水云龙纹带盖八棱梅瓶（一对）（图5-10）、花卉纹八棱带盖执壶、狮子戏球纹八棱玉壶春瓶、青花釉里红开光镂花盖罐（一对）等。这6件元青花瓷器非常精美，件件都是国宝级的元青花瓷器。

1980年江西省高安县元代窖藏出土了19件元代青花瓷器，是国内出土元青花瓷器比较多而精的一次。主要有云龙纹兽耳盖罐、云龙纹荷叶盖罐（2件）、带盖梅瓶（6件）、花卉纹高足杯（9件）和蕉叶纹出戟花觚。其中青花蕉叶纹出戟花觚（图5-11）收藏在中国国家博物馆，高16厘米，仿古代青铜器出戟觚的形制，喇叭形撇口，腹部四面出戟，底中心有一长方形孔。绘蕉叶纹花卉纹和卷草纹等。出戟觚为景德镇元代青花典型器。造型别致，青花浓翠，传世品罕见。

1970年北京的旧鼓楼大街豁口窖藏出土了元代青花盏托、青花觚、青花壶、青花碗和青花杯等。其他地区出土的较为重要的元青花瓷器有：1950年江苏省江宁县牛首山明洪武二十五年（1392年）沐英墓出土的元青花"萧何月下追韩信"图梅瓶（图5-12）。沐英是明朝大将军。萧何追韩信的故事，发生在秦朝灭亡楚汉相争之际，韩

图5-10 元青花海水云龙纹带盖八棱梅瓶

图5-11 元青花蕉叶纹出戟花觚

信先投靠楚王项羽，后被弃用，后经萧何引荐给刘邦，但刘邦以貌取人，仅封其为低位小官，韩信负气出走，萧何闻讯，星夜追赶，将其劝回，并说服汉王刘邦拜韩信为大将，终于打败楚王项羽，夺得天下。高44.1厘米，全器青花纹饰，器腹部主题纹饰绘官服策马的萧何月下追赶徒步的韩信的人物画，辅以月亮、竹石、芭蕉、松、梅等纹饰。无论是马上的萧何，还是月下的韩信，人物绘画均非常精美。青花色泽浓翠鲜艳，现藏于南京市博物馆。

中国国家博物馆藏有元青花凤穿花纹玉壶春瓶（图5-13），是1977年内蒙古哲里木盟出土的。腹部主题纹饰绘凤穿花纹，口沿绘卷草纹，颈部蕉叶、回纹、钱纹、变体莲瓣纹，腹下部为钱纹、变体莲瓣纹。缠枝花卉纹，因其结构连绵不断，寓有"生生不息"之意，缠枝纹又称为"万

图5-12 元青花"萧何月下追韩信"图梅瓶

寿藤"，常与龙凤、鸟兽、人物等组合成装饰纹样，寓意吉祥。与凤鸟组成的纹样，称为"凤穿花"，凤为"百鸟之王"，是一种神奇而威力无比的鸟，古人心目中代表吉祥的瑞鸟，能知天下治乱的灵鸟。有"天下太平，万物安宁"的寓意。《异物志》有："其鸟五色成文，丹喙赤头，头上有冠，鸣曰天下太平，王者有贤道则见。"飞凤以花相拥，伴以祥云萦绕，寓意吉庆祥瑞。

除出土元青花瓷器外，据资料记载北京故宫博物院藏有元代青花瓷器30余件。上海、山东、辽宁、内蒙古、湖南、安徽、江西、新疆、广东等一些大博物馆和文博单位也收藏一定数量的元青花瓷器。

香港、台湾地区的博物馆和私人收藏家也藏有部分元代青花瓷器。台湾鸿禧美术馆藏有元青花瓷器数件；香港葛氏天民楼收藏元青花瓷器有20余件，器型有大盘、大碗、罐、梅

图5-13 元青花凤穿花纹玉壶春瓶

瓶、玉壶春瓶、高足杯等器，是目前全世界私人收藏元青花最多的藏家。

国外收藏元青花瓷情况

目前全世界收藏的元代青花瓷器有 400 多件。元代青花瓷在 14 世纪中期通过海外贸易输往西亚、欧洲、南非和东南亚等地。输往西亚地区的元青花外销瓷器多是形体巨硕、青花色泽艳丽、纹饰绘制精美、青花装饰层数非常多的至正型青花器。

土耳其伊斯坦布尔托普卡比博物馆收藏的中国元代青花瓷器共计 70 多件，是世界上收藏元青花数量最多、质量最精最好的博物馆。器型有直径达 40 至 46 厘米的大盘、大碗，梅瓶、玉壶春瓶、葫芦瓶、盘口瓶、扁瓶、大罐等。多属"至正型"青花器。如元青花缠枝牡丹海马纹兽耳大罐（图 5-14），口沿饰冰凌花纹，颈部饰折枝花卉纹，肩饰云龙纹，腹上部饰如意云头纹，云头纹内锦地饰白色海马纹，腹下部绘缠枝牡丹纹，敛足处上下分饰忍冬纹和莲瓣纹。全器青花纹饰共七层，青花用进口的"苏泥勃青"绘制，色泽浓艳翠蓝，纹饰奔放洒脱，富有立体感，是典型的"至正型"青花器。该器型及纹饰在土耳其伊斯坦布尔托普卡比博物馆、伊朗阿德比尔神庙、日本出光美术馆、大英博物馆、美国波士顿博物馆等多有收藏，国内也多有出土。而国内出土的执壶、高足杯、花觚、盏托等小件器皿，在西亚地区几乎很少见到。国外收藏元青花罐最多的是西亚和日本，日本有十几件，其中人物故事图罐有 3 件。西亚所藏元青花罐中则不见人物故事图罐，多花卉动物纹，纹饰一般 3—5 层。

伊朗阿德比尔神庙收藏的中国元代青花瓷器共计 30 多件，现藏于伊朗巴斯坦国家博物馆。20 世纪 50 年代，波普从该寺院收藏的 1600 多件中国瓷器中将数十件"至正型"元青花瓷器分离出来，并将其披露和发表。器型有直径达 39—46 厘米的圆口大盘、大碗，梅瓶、扁瓶、葫芦瓶、大罐等。如元青花竹石芭蕉纹大盘（图 5-15），三层纹饰，内底的主题纹饰为竹石芭蕉瓜果纹，内壁绘缠枝牡丹纹，口沿绘冰凌花纹。进口青料绘制，青花色泽艳丽。古代视竹为吉祥之物，有"可使食无肉，

图 5-14 元青花牡丹海马纹兽耳大罐

不可居无竹"之称。竹为高风亮节、清秀素洁的象征，常以竹比喻君子贤人之高洁品行。竹子、石头为五瑞图的瑞物，竹谐音"祝"，有祝颂之意。石是"寿石"，象征长生不老，福寿康宁，竹石相配寓意"祝颂长寿"。这种尺寸的青花大盘，在土耳其伊斯坦布尔托普卡比博物馆、伊朗阿德比尔神庙和日本各大博物馆中多有收藏，而国内很少见。土耳其伊斯坦布尔托普卡比博物馆藏有类似的大盘多达 20 余件，伊朗阿德比尔神庙藏有 17 件，日本各大博物馆中藏有 10 件，这种大盘的主题纹饰有牡丹莲池纹、鱼藻纹、莲池鸳鸯纹、双凤牡丹纹、蕉叶瓜果纹、八吉祥花卉纹、云龙牡丹纹、竹石麒麟纹、花卉孔雀纹、蕉叶莲菊凤鸟纹等吉祥纹饰。盘尺寸较大，青花色泽浓艳，纹饰精美，应是出口伊斯兰地区的外销瓷。

图 5-15　元青花竹石芭蕉纹盘

日本收藏中国元代青花瓷器共计 40 余件。分别藏于日本各大博物馆中。如东京国立博物馆、出光美术馆、松冈美术馆、大阪市立东洋陶瓷美术馆、梅泽纪念馆、掬粹巧艺馆、富士美术馆、MOA 美术馆等。品种有大罐、梅瓶、玉壶春瓶、葫芦瓶、扁瓶、扁壶、大盘、大碗等。日本所藏元代青花瓷器既有西亚所特有的大罐、大盘、扁壶和葫芦瓶等，又有国内常见到的玉壶春瓶和梅瓶等器物。

英国元青花瓷器大多于 20 世纪以来流散于国外的，数量较大。英国典型的元青花瓷器主要收藏于伦敦大英博物馆、维多利亚与埃伯特博物馆、伦敦大学大维德中国艺术基金会和牛津大学阿希莫林博物馆等，共藏有 20 余件。大英博物馆发表的典型元青花瓷器有 10 余件，多为精品。如青花西厢记拷红图梅瓶、青花龙纹四系扁壶、青花如意菊花纹大盘等。英国收藏元青花最著名的是前面提到的大维德中国艺术基金会收藏的一对"至正十一年"的青花云龙纹象耳盘口瓶。

法国、荷兰等博物馆及部分欧洲私人收藏家也藏有部分典型而精美的元青花瓷器。如法国吉美博物馆藏的口径达 60 厘米的元青花大盘、荷兰博物馆收藏的元青花凤凰纹梅瓶均很著名。

美国元青花主要收藏于波士顿美术馆、华盛顿佛利尔美术馆和纽约大都会博物馆。另外，克利芙莱博物馆、哈佛大学萨格拉博物馆及私人藏家收藏有少量元青花。其中波士顿美术馆收藏最多，特别是历史和军事题材的人物故事图大罐和梅瓶最多，如著名的尉迟恭单鞭救主图罐（图5-16）等。尉迟恭单鞭救主表现的是尉迟恭救秦王李世民的故事。隋朝末年，18路农民起义队伍一拥而起，最后只剩下定阳刘武周、洛阳王世充、太原李渊三路人马鼎足而立，其中，太原秦王李世民力量最强。有一次，李世民带兵围困洛阳王世充，王世充派单雄信为先锋。一天，李世民带十几个人去察看敌营，被单雄信500敌兵包围。李世民势单力薄，也没带武器，朝榆树林逃去，在这危急关头，尉迟恭飞马赶到，舞着单鞭，向单雄信直奔过去，把单雄

图5-16　元青花尉迟恭单鞭救主图罐

信打败了，解救了李世民。美国波士顿博物馆收藏的这件"尉迟恭单鞭救主"青花图罐，画面一侧有身着团花锦袍，骑在马上的秦王李世民和手持钢鞭端坐于马上的尉迟恭，两人并辔而行。李世民头微侧转，尉迟恭左手指点，两人似在交谈。画面另一侧单雄信双手持矛，纵马前冲。空隙处绘怪石、云朵、树木等纹饰。

　　菲律宾收藏元青花瓷器主要有大瓶、大罐、梅瓶、大碗、军持、玉壶春瓶、多穆壶、执壶、高足碗和小罐等。印尼作为海上陶瓷之路的主要转口港，元青花瓷器除供当地使用外，还转运到中东和非洲。多为青花罐和小件器皿，也有大盘、军持等典型元青花器。此外，部分岛屿也出土了元青花器。亚洲马来西亚、越南、泰国、印度等国也藏有少量元青花瓷器。

　　一部分元青花人物故事图罐分别收藏于世界各地博物馆或私人手中。如昭君出塞图罐（图5-17），藏于日本出光美术馆。周亚夫细柳营图罐（图5-18）、青花百花亭图罐，藏于日本松冈美术馆。青花尉迟恭单鞭救主图罐，藏于美国波士顿美术馆。青花"锦香亭"图罐，原藏于英国大维德中国艺术基金会。青花西厢记图罐、元青花三顾茅庐图罐（图5-19），原藏于香港苏富比，后私人收藏。青花鬼谷子下山图罐，原藏于私人手中，英国伦敦佳士得

已拍卖，现私人收藏。

图 5-17　元青花昭君出塞图罐

图 5-18　元青花周亚夫细柳营图罐

图 5-19　元青花三顾茅庐图罐

4 元杂剧对瓷器装饰的影响

　　元代后期青花瓷纹饰绘画方面受元曲、元剧、小说和版画的影响，多绘反映军事题材和历史人物情节故事图、使元青花在纹饰上有了新的变化和突破。带有人物故事图的青花瓷器是元代青花瓷器中的精品，具历史和艺术性，存世稀少，也是目前经济价值最高的瓷器。

　　反映历史军事题材的人物故事图开始出现在元青花的大罐、梅瓶、玉壶春瓶和大盘上。这些军事题材的人物故事图题材广泛，如反映和亲的青花昭君出塞图罐，反映大将尉迟恭救秦王李世民的尉迟恭单鞭救主图罐，反映爱惜贤士、取自《三国演义》刘备三顾茅庐请诸葛亮出山的三顾茅庐图罐，反映楚汉之争的萧何月下追韩信图梅瓶，反映秦国英雄战将的"蒙恬将军"图玉壶春瓶，以及周亚夫屯军细柳营、文姬归汉、韩信赠金等。元青花鬼谷子下山图罐（图5-20），反映的是战国时期军事家王翊，号"鬼谷子"，是齐国军师孙膑的老师。当时齐国和燕国打仗，燕国俘虏了孙膑，齐国求他的师傅鬼谷子下山救徒。这件青花罐画的就是鬼谷子驱车下山的情景。该罐无论在造型、青花色泽、绘画人物还是情景布置上都精美至极。这种画有人物故事纹的青花罐，一般高为26—28厘米，全世界收藏不足十余件，故十分珍贵。

　　元青花西厢记拷红图梅瓶（图5-21），腹部主题纹饰为两幅元曲《西厢

图5-20　元青花鬼谷子下山图罐　　　　　图5-21　元青花西厢记图梅瓶

记》人物场景，一幅为崔老夫人因女儿与张生的私情拷问红娘一节，即有名的"拷红"片段，另一幅描绘崔莺莺在花园里桌案旁焚香祈祷，并杂花卉、山石、树木、月亮等辅助纹饰。青花色泽浓艳，应为进口青料绘制，人物生动形象，纹饰布局协调。《西厢记》描写张生在普救寺遇见崔相国的女儿崔莺莺，两人产生爱慕之情，在侍女红娘的协助下，终于冲破封建礼教束缚而结合的爱情故事。故事原出唐代元稹传奇小说《莺莺传》，元代王实甫编写成杂剧剧本《西厢记》，丰富的人物性格和曲折跌宕的情节，在中国戏曲发展史上占有重要地位，此器藏于英国维多利亚与艾伯特博物馆。历史题材人物故事图如高士四爱图（林和靖爱梅、王羲之爱鹅、周茂叔爱莲、陶渊明爱菊）。陶渊明访友图，描绘了陶渊明外出会亲访友情景。据《靖节先生集·五柳先生传》中记载，陶渊明宅前有五棵柳树，因而自称"五柳先生"。陶渊明常携琴会友，又因有脚疾，才常有二童子随从服侍，该图十分形象地描绘了陶渊明外出携琴访友，陶渊明前边走，二童子边走边语前后呼应，周围有柳树、鹿、山石、花卉陪衬，宛如一幅精美的墨笔人物画。还有百花亭、孟月梅写恨、锦香亭、江州司马青衫泪图、道教八仙人物图、薛仁贵、吕洞宾以及仕女、婴戏图等。另外还有一些目前难以分辨的人物故事图。人物故事图的衬景多是典型的江南庭院景象，所绘人物形象多高大而清秀，绘画艺术风格洒脱飘逸。人物故事图多绘于形制较大的器物上，诸如盖罐、梅瓶、玉壶春瓶和大盘上。这些人物绘画借鉴了同时代的绘画，受到了元曲、小说、版画插图的影响，艺术风格独具。

元青花瓷器装饰除人物纹外，还有动物纹和植物花卉纹：主要有龙、凤、麒麟、鱼藻、孔雀、鹿、狮、虎、豹、象、羊、白兔、仙鹤、鹭鸶、长尾鸟、海马、芦雁、鸳鸯卧莲、秋虫螳螂等。其中以鸳鸯卧莲纹及龙纹最具特色。

鸳鸯卧莲纹即"莲池鸳鸯"，在元青花瓷器中较为常见，多画在大盘、大碗的内底，也有画在八棱大罐外壁开光内者，是人们喜闻乐见的题材之一。例如元青花莲池鸳鸯图菱花口盘（图5-22），高口径42.5厘米，盘心主题纹饰为莲池鸳鸯图，也称为"满池娇"图，青花绘四束盛开的出水莲花，旁绘茨菰和浮萍，两只鸳鸯在莲

图 5-22　元青花莲池鸳鸯图大盘

花丛中游弋，顾盼生情。这种莲池鸳鸯小景图，是元青花瓷器中常见的装饰题材。

"满池娇图"原是宫廷服饰的一种装饰图案，描绘的是池塘中的花、鸟景色，多为池塘中，莲荷盛开，配以鸳鸯等水禽，形成荷塘小景。宋代始见，南宋吴自牧《梦粱录》卷十三《夜市》中记载当时临安夜市售卖的物品就有"挑纱荷花满池娇背心"。"满池娇图"是元代刺绣中常见的题材之一，常见于织品服饰和金银漆器及瓷器上，满池娇是元代贵族阶层专用纹饰，元朝典章制度曾明文规定平民百姓禁用。

元青花中的龙纹一般身躯细长如蛇，头小，龙头呈扁长形，双角，张口露齿，龙嘴上翘，细颈，四腿细瘦，爪生三指、四指或五指，但三爪龙最为

图5-23　元青花云龙纹玉壶春瓶

常见，爪分张有力，龙尾较秃，肘毛、尾鬃皆呈火焰状。龙纹有多种形态，有云龙、团龙、行龙、穿花龙等，以云龙纹多见。云有团云、灵芝状云、如意形云、飘状长带状云。元青花云龙纹玉壶春瓶（图5-23），高27.9厘米，通体青花纹饰。颈部装饰海水纹，肩部绘莲瓣杂宝纹，腹部主题纹饰为云龙纹，一条龙盘绕器身，龙身矫健，凶猛强悍，绘画技艺高超，画面主次分明，使用进口青料，青花发色浓艳鲜丽，此器为成熟元青花瓷器精品。

植物花卉纹：主要有牡丹、月季、荷莲、蕃莲、宝相花、菊花、梅花、月影梅、松竹梅、牵牛花、鸡冠花、射干、灵芝、蕉石、芭蕉、竹石、水草、瓜果、葡萄纹等。元代喜用牡丹花作为主题纹饰，描绘大花大叶，非常具有特色。牡丹花象征富贵，是富贵花，是各民族推崇的花卉，也是中国的国花，深受人们喜爱。瓷器装饰牡丹纹有折枝、缠枝、串枝等形式。青花瓷器装饰缠枝牡丹纹，始于元代。元代青花常见的图案有缠枝牡丹纹、云龙牡丹纹、凤穿牡丹纹、孔雀牡丹纹等。图案画法是花朵不填满色，多留有空白，花叶则填满颜色，给人以饱满的视觉效果。

此外还有文字诗句装饰：江西高安窖藏出土的青花高足碗，碗内青花

草书写"人生百年长如醉，算来三万六千场"的警世之言，书体流畅。江西高安窖藏出土的青花带盖梅瓶（6件），器底和盖里分别墨书"礼"、"乐"、"书"、"数"、"射"、"御"六字。还有铭"福"、"寿"等字。四川雅安藏有铭记青花书"至正七年"的款识。元青花的辅助纹饰还有海水纹、蕉叶纹、变体莲瓣纹、卷草纹、蕉叶纹、如意云头纹、鱼鳞纹、八吉祥等形式。变形莲花瓣纹，俗称"八大码"，常以莲瓣作装饰带，花瓣内再绘多种花纹，有朵云、火焰、朵花、杂宝等。瓶、罐肩部有青花云头纹，称为"云肩"，又称"垂云纹"，云头纹内多饰折枝花、海马、麒麟纹等。

元青花瓷以钴料绘制，以平涂为主，结合勾、皴、点、染技法，潇洒自如，线条苍劲有力。绘画充分发挥蓝白的艺术效果，有白地青花、蓝地白花或青花线描的技法，绘制精绝，元青花釉下彩绘画前无古人，后无来者。此外，青花与刻花、印花、镂孔、贴塑等技法相结合，收到各自不同的艺术效果。

青花瓷的烧造起源于唐朝，在元朝日臻成熟，并为明、清两代景德镇青花瓷的发展奠定了坚实的基础，是中国古陶瓷发展史上的一座里程碑。正如著名陶瓷学者陈万里先生论述："元代釉下彩的烧制有极其重要的贡献，它在陶瓷发展史上起了承前启后的作用。"元青花瓷制作精美而传世少，故而弥足珍贵。元青花瓷一改宋代追求的含蓄美，为瓷器开辟了一条新的装饰之路，深受各阶层人们的喜爱。元青花以其明快雅丽的色彩、丰富多彩的造型、五彩缤纷的纹样，在中国古代陶瓷发展史上独树一帜。青花瓷器从元代成熟至今已有700多年的发展历史，始终盛行不衰。

5 传统窑场的延续

　　元代磁州窑系的釉下彩仍以白地黑花为主。器形有大罐、鸡腿形罐、玉壶春瓶、扁壶、四系壶、盆和枕等。纹饰主要有山水、人物故事、婴戏、鱼藻、花卉、孔雀、花鸟、龙凤纹及墨书文字等。元代磁州窑绘画水平很高。元代瓷枕常以人物故事为题材，有唐僧取经图、高山流水觅知音等，均受元代山水画和戏曲小说影响。元代磁州窑系也有釉上黑彩，釉上红绿彩、五彩等品种。此外还有低温铅釉三彩等品种。

　　磁州窑窑址位于河北省南部的彭城、观台。以生产白地黑花瓷器为主，另外还有白地褐花，白地黑彩剔花、划花，绿地黑花，白釉绿斑和红绿彩等品种。磁州窑的胎体因白度不高，在彩绘前常施一层白色化妆土，然后在胎体上用彩料绘画花纹，装饰技法多样，有刻花、划花、剔花或书写文字等，再上一层透明釉，在氧化焰气氛中烧成。彩料为含铁量较高的矿石，在烧造过程中呈色会有差别，多数为黑色，也有少量褐色，被称为"铁锈花"。磁州窑纹饰主要有花卉、人物、动物、花鸟、虫鱼、婴戏、风景和书法。如元磁州窑白釉黑花婴戏图罐（图5-24），腹部白地黑花绘婴戏、花卉图案，绘画手法粗犷豪放，极富民间色彩，具有磁州窑产品的典型风格。

图5-24　元磁州窑婴戏图罐

　　磁州窑绘画风格粗犷豪放，充满浓厚生活气息。书法装饰也极具特色。除磁州窑外，河南当阳峪窑、扒村窑、登封窑，山西介休窑，山东枣庄窑，内蒙古赤峰窑，江西吉州窑，广东西村窑，广西合浦窑，福建泉州磁灶窑，四川广元窑及宁夏灵武窑等，受磁州窑影响，也以烧造白地黑花瓷器为主，形成了庞大的"磁州窑体系"。磁州窑是宋金元时期著名的民窑瓷系。

龙泉窑窑址在今浙江省龙泉县境内，创烧于五代，历经北宋时期的发展，南宋晚期至元代达到鼎盛，明中期以后走向衰落。南宋龙泉窑青瓷以翠青釉色著称。由于南宋时期使用石灰碱釉，经过多次素烧和多次上釉，使釉层厚黏度大而不易流釉。釉色如冰似玉，洁净莹泽，耀青流翠，色泽以梅子青、粉青为最，深受当时宋代宫廷的赏识和后世所推崇。宋人庄绰《鸡肋编》载："处州龙泉县多佳树，地名豫章，以木而著也……又出青瓷器，谓之秘色。钱氏所贡，盖取于此。宣和中，禁庭制样需索，益加工巧。" 清人梁同书《古窑器考》载："古龙泉窑，土细质厚，色甚葱绿，妙者与官、哥争艳，但少纹片，紫骨铁足耳。"邵蛰民撰《增补古今瓷器源流考》记龙泉窑青瓷"胎细体厚，釉浓式拙，色甚葱翠……"。《处州府志》记："凡器之出于生二者，及青莹，纯粹无瑕，如美玉。"在装饰方面，因为龙泉窑青瓷釉层厚而失透，很显然刻划花的装饰已不适用，应运而生的是以堆塑和浮雕为装饰手段，从而产生了龙凤、双鱼、莲瓣、人物等独具特色的、有立体感的纹饰，进一步加强了龙泉青瓷装饰艺术的美感。南宋龙泉窑青釉蟠龙盖罐，器带盖，盖纽为卧伏状长颈尖嘴鸟纹。通体施翠青釉，呈梅子青色，釉色浓绿，色彩鲜亮。罐颈肩处饰凸弦纹并凸雕一只蟠龙，蟠龙紧紧围绕器身，龙身粗壮，爪纹尖锐。本品造型和釉色与浙江龙泉市博物馆藏南宋龙泉窑青釉龙瓶相近。本品造型为新创器型，典雅秀美，釉色以翠绿晶润的梅子青装饰，给人以静谧遐想的空间，为青瓷釉色之冠。

龙泉窑瓷器造型丰富多样，除日常生活中的盘、碗、瓶、壶、罐；文具中的笔筒、笔架、水盂以及陈设器、文玩器和塑像等应有尽有外，其中尤以仿商周、春秋战国和汉代青铜器造型的鬲式炉、觚、炉、鼎等，仿玉器中的琮式瓶等最为精致。这些器物胎体厚重，青釉玻璃质感强，透明度高，温润似玉。元龙泉窑青釉琮式瓶（图5-25），仿新石器时代玉琮的造型，口、底径度相若，为筒形方柱体，内圆外方，中心有一从上通到下的圆透孔，瓶外壁四面正中各有一竖凹槽，瓶体以四棱角为中轴线，并向两侧对称分布，两两竖凹槽之间与棱角处形

图5-25 元龙泉窑琮式瓶

成四个凸面。圈足。通体施青釉，釉色呈深绿色，釉色莹润光亮。琮式瓶创烧于南宋，宋代"复古"、"尚礼"之风盛行，体现在对青铜器和玉器的欣赏与研究，北宋时期吕大林《考古图》和《宣和博古图》的刊行，导致博古文化在南宋时期流行，瓷器生产也受到影响。琮式瓶式样系仿照新石器时代良渚文化玉琮外形加以变化而成。南宋官窑、宋元时期龙泉窑均烧造有此器形，明代石湾窑也多产琮式瓶，清代景德镇窑也有烧造，但仍以宋元龙泉窑制品为最佳。

龙泉青瓷自宋代开始，经宁波海港远销日亚、东非，土耳其、法国等欧洲国家。当龙泉青瓷第一次运到欧洲时，就受到欧洲人的喜爱，被这种犹如美玉般浑然一体的漂亮颜色所打动，法国人给龙泉青瓷起了一个名字"塞拉洞"，像牧羊女穿的淡绿色的裙装，美丽迷人。本品造型和釉色与浙江龙泉市博物馆藏南宋龙泉窑青釉龙瓶相近。

龙泉窑是古代生产青瓷重要的窑厂之一，龙泉青瓷是我国青瓷工艺发展的高峰，代表了中国青瓷发展的最高水平。宋代窑工创造的龙泉青瓷则是将早期青瓷和唐代越窑青瓷发挥到极致，其所创梅子青、粉青为青瓷釉色之冠，为世所珍。南宋的《云麓漫钞》载："今处之龙溪出者色粉青，越乃艾色。"著名陶瓷专家冯先铭先生称赞道："它是巧夺天工的人工制造的青玉，宋代龙泉青瓷的每一个碎片，至今仍令我们为它的釉色所倾倒。"

元代以河南禹县为代表的钧窑系，继续生产传统品种，有天蓝釉、月白釉和蓝釉红斑等釉色产品。钧窑始烧于北宋，在金元得到迅速发展，形成窑系。因钧窑釉色主要色料是氧化亚铁在还原焰中烧成，故将其列为青瓷体系。窑变釉开创了我国陶瓷釉彩装饰的新途径，是青瓷工艺的创新和突破。

元代钧窑瓷器多为民间日常用器，有碗、盘、罐、执壶、枕、梅瓶、三足炉、高足杯等，除河南外，河北、山西等地也大量烧造日用器皿类钧瓷，产品深受民间广大群众的喜爱。

6 瓷器的外销与海上贸易

元代随着国内外贸易的发展和需要，制瓷业较宋代又有更大的进步。元代提倡海外贸易，并设立市舶司，管理海外贸易。出口物品以瓷器、丝绸等为大宗商品。《元史》记载，当时经海上与元朝保持贸易的国家有20多个，包括西亚、东南亚、南非等国。在元代，元青花瓷器的出口贸易十分重要。这些外销青花瓷器，根据销往国家的特殊需求，生产出大批量的大罐、大瓶、元青花牡丹纹葫芦瓶（图5-26）、大盘、大碗等，多是为了适应伊斯兰国家和地区穆斯林的饮食和生活习惯而特别生产的饮食器皿。元青花瓷器风格（如造型、纹饰）都受到影响，久而久之又成为元代青花瓷器自身的特征和标志。这也是流失在西亚土耳其、伊朗元青花瓷器质量好的原因。虽然输往西亚、东南亚国家的元青花瓷器在造型上有其地域风格，但在纹饰和绘画风格上，中国文化的因素占据了主导地位。

图5-26 元青花牡丹纹葫芦瓶

大批来自中亚、西亚、南亚按其造型、纹样的来料加工订单，刺激了元代景德镇青花瓷器的发展，极大地激增了元青花瓷器的生产与输出。从元青花瓷诞生的那一天起，市场的热爱和需求，也是元青花瓷器迅速发展和成熟的关键所在。也导致后来明、清两代景德镇以烧制青花瓷器为主的格局。

综上所述，元代青花瓷器是蒙古族文化、汉族文化、西域波斯文化相结合而产生的。蒙古人喜欢白色和蓝色。陶宗仪《辍耕录》中记载元代"国俗尚白，以白为吉"。成吉思汗曾多次征服中亚、西亚地区，打通了交通要道，随后大批的波斯人、阿拉伯人、突厥人来到中国，带来了伊斯兰文化。西域的音乐、医学、手工艺品、文化习俗等也传入中国。伊斯兰文化的主色调是蓝色，蒙古族受波斯文化的影响，喜欢蓝色的纹饰。元代青花瓷绘制的青料"苏麻离青"就是从西亚伊斯兰地区的伊朗进口的。元青花是中国白瓷与波斯蓝结合的产物，是中国传统文化和伊斯兰文化相结合的产物。

元青花中的中国文化因素表现在器物造型和装饰方面，在造型上继承传统造型的有梅瓶、玉壶春瓶、盖罐和葫芦瓶等。装饰方面中的人物故事以元曲为本，人物形象为中国装束，一些动物和和植物题材多为中国传统纹样。

元青花瓷造型丰富多彩，具有鲜明的时代特征。元代景德镇窑发明了瓷石与高岭土掺和的二元配方，提高了瓷器的烧成温度，瓷胎中三氧化二铝的含量高，减少瓷胎在高温条件下的变形，因而能烧造出形制较大的器物。如直径近60厘米的大盘和高达70厘米的大瓶，胎体厚重。

形制较大的器物，有大罐、大瓶、大盘、大碗等，是为了适应伊斯兰国家穆斯林饮食习惯而特别生产的饮食器皿。元青花瓷器造型既有形制雄伟的大器，又有秀美灵巧的小件器。如胎体轻薄的高足碗、高足杯、匜、盘等。小型器皿，诸如小罐、小瓶，如莲菊葫芦式小瓶（图5-27）、小壶等，多销往菲律宾等东南亚地区等。

罐：罐有大、小之分，大罐有圆形、八棱形两种，最高高达60厘米以上。八棱器为元代创新品种。小罐有四系方形罐、鸟食罐、双系瓜棱形罐、双系鼓腹罐等。

瓶：瓶有梅瓶、玉壶春瓶、蒜头瓶、兽耳瓶、葫芦瓶、S耳瓶、戟耳瓶、四系扁瓶、盘口瓶、连座瓶、觚形瓶等。梅瓶多附盖，盖内有一管状子口，与瓶口牢牢套住。有普通式和八棱式。玉壶春瓶也有普通式和八棱式。

壶：壶类有凤流壶、梨式壶、八棱壶、执壶、多穆壶、僧帽壶、龙凤壶、扁壶等。

图5-27　元青花莲菊纹葫芦式小瓶

碗：碗类有大碗、墩碗、折腰碗、高足碗等，有的口径达40厘米以上，也有口径较小的碗。

杯：杯有高足杯，又称为"靶杯"，形制较小。

盘：口沿有板沿菱口、板沿圆口、葵口、敛口等。菱花形口的盘多见，口径达45厘米以上，也有口径15厘米左右小盘。

除上述常见的器型外，还有炉鼎、军持、器座、水盂、船形水注、豆、托盏、香炉、洗、笔架、鸟食缸、匜、谷仓、观音等。

元青花瓷器以玉壶春瓶、盖罐、梅瓶、高足杯和大盘较为多见。

元代烧制青花瓷的窑场，除景德镇窑外，尚有云南玉溪、建水，浙江江山县等，以江西景德镇烧制的水平为最高，成为最具中国民族特色的瓷器而名扬海内外。

景德镇窑青白瓷、龙泉青瓷的外销：元代对外贸易政策比南宋时期更为开放，海外贸易得到进一步的增进和拓展，龙泉窑瓷器的出口也逐年增加。《岛夷志略》中记述元朝从泉州远航所至国家或地区竟达百余处之多，书中并有"青瓷"、"处州瓷"的贸易记录。《真腊风土记》也有元代外销瓷器的记述。

龙泉窑生产数量和规模在元代继续扩大，窑址和产品数量都达到前所未有的程度，沿着瓯江和松溪两岸，数以百计的窑场生产着青釉瓷器，以供应海内外市场的需求。最新考古发现证明，元代龙泉窑最大的窑址群位于大窑和金村，大窑附近有50多处新窑场，足以满足当时的海内外贸易的需求。内蒙古集宁路元代窖藏和元大都遗址里出土有精美的元代龙泉窑青瓷。

1976年在朝鲜半岛西南部新安水域发现了元代沉船，打捞上的元代青白瓷、龙泉青瓷有2万余件，其中龙泉青瓷占了9000多件，有2000余件金属制品，800余件中国铜钱以及石制品和紫檀木等。从中也可窥见当时龙泉青瓷的生产规模和海外贸易的盛况。

据考证该沉船是14世纪早期1323年前后，从中国宁波开往日本的贸易船，因台风等气候因素最终沉没在新安海域，该船上货物的商人是当时的日本寺院，所以大部分瓷器为供器、陈设、文房等质量高的青瓷和青白瓷。此外还有一些其他窑口的瓷器，如磁州窑、吉州窑等。该元代沉船的打捞和发现，也从一个侧面证明元代海外贸易的情况、瓷器的生产和运输有重要的研究价值。

对海外的瓷器贸易从考古资料证实，从唐朝开始就与东南亚的日本、朝鲜半岛以及南亚、西亚等地区和国家开展贸易交流，有陆上和海上的丝绸之路。1998年在印度尼西亚勿里洞岛海域打捞出一艘唐代沉船"黑石号"，经考证是一艘阿拉伯商船，装载着67000多件唐代长沙窑、越窑、邢窑、巩县窑的瓷器，以及金银器、铜器和铜钱等，从唐朝的港口出发，经由东南亚运往西亚的贸易商船，也因为天气因素而沉没。较为重要的瓷器有三件完好无损的唐代巩县窑青花瓷盘，一件带有唐代宝历二年（826年）铭文的长沙窑碗，碗心图案接近阿拉伯"安拉"，宝历二年为唐敬宗年号。邢窑白釉绿彩鱼底吸杯、白釉绿彩龙纹盘较为少见，有的带有"盈"、"进奉"款识，长沙窑瓷器56500多件，占大多数。该沉船的年代被确认为9世纪上半叶。2005年该沉船文物被新加坡购得。该沉船也证明在唐代就与西亚、中东进行海上贸易，也成为中国海上丝路的直接见证。

龙泉青瓷自宋代开始，经宁波海港远销日亚、东非、土耳其、法国等欧洲国家。宋代"南海一号"木质沉船，是1987年在我国水域广东阳江发现的，共有瓷器6万余件，当时打捞出200余件，瓷器种类有景德镇窑青白瓷、福建德化窑、磁州窑等高质量瓷器，此外还有金、银、铜、铁等器。2007年进行了整体打捞，现在安放在广东省海陵岛丝绸博物馆内。截至2016年初，共出土文物14000余件，瓷器13000余件套等，据出土南宋铜钱"绍兴元宝"，判定为南宋沉船。精美瓷器有景德镇窑青白釉鹦鹉纹碗、婴戏纹碗等。"南海一号"应是南宋时期从东南沿海港口装货后前往东南亚、西亚的贸易途中，因气候等因素而沉没于海底。

六、官窑时尚
——明代瓷业中心的形成

明代初期社会相对稳定，城市的繁荣增加了对手工业产品的需求。全国南北各地出现了一批新的商业中心。明代社会经济到 16 世纪，资本主义因素有了进一步发展。重要的手工业如纺织、冶铁、采煤、印刷和瓷器制造业等进入到工场手工业的发展时期。明代景德镇陶瓷生产是在这样的社会背景下取得了辉煌的成就。

明代景德镇的制瓷业在元代基础上迅猛发展，它以丰富的自然资源，良好的交通条件，娴熟的制瓷技艺，在国内外市场需要的刺激下，成为全国的制瓷中心。其产量之高，质量之精，品种之丰富，是其他产瓷地区无法相比的。官窑瓷器除继续生产高温青花、釉里红、单色釉瓷器外，还创烧了青花五彩、斗彩等品种。精美的洪武釉里红、永宣青花、成化斗彩和嘉靖万历五彩器，成为流传千古的绝品。明代宋应星《天工开物》记载："合并数郡，不敌江西饶郡产……若夫中华四裔，驰名猎取者，皆饶郡浮梁景德镇之产也。"

明代晚期，景德镇御窑厂处于停烧状态，但民窑却蓬勃发展起来。青花瓷器绘制奔放，多反映市井和文人生活，构图简洁，纹饰丰富多样，充满了质朴的艺术风格，成就了晚明特色瓷器。

1 官窑的设置及洪武时期瓷器的风貌

　　明洪武二年（1369 年），饶州府景德镇官窑设立。《浮梁县志·建制·景德镇厂署》记载："明洪武二年设厂制陶以供尚方之用。"清人蓝浦《景德镇陶录·洪窑》记载："洪武二年设厂于镇之珠山麓，制陶供上方，称官瓷，以别民窑。"

　　明代景德镇御窑厂对官窑瓷器的挑选非常严格，凡上解的瓷器大多要"百选一二"，龙缸、花瓶之类"百不得五"。烧坏的瓷器就地打碎深埋，不许流入民间，反映出御窑厂对官窑瓷器严格的管理制度和对御用瓷器要求之严格，以及生产规模和烧造数量之大。明代景德镇官窑生产不计成本，追求质量和唯美。近年江西景德镇珠山御窑厂遗址有大量明代洪武、永乐、宣德、成化时期官窑瓷器碎片出土，均为打碎深埋的残次品。

　　洪武二十六年（1393 年），定"凡烧造供用器皿等物，需定夺样制"。这使得御用瓷器成为代表或等同皇权的神圣之物。明初瓷器御用性的确立，影响到以后官府的窑业制度。皇室的要求与国家的投入，推动了技术研发与进步，也推动了御窑品种的创新与增加。使得御窑厂名品辈出，名瓷荟萃。

　　明初洪武官窑瓷器特点：上承元代，下启永宣，以古朴粗犷，气势雄浑为主要特征，同时也显示出趋于简练，纹饰图案向文人画文雅韵致的方向发展。洪武官窑青花钴料与元青花的钴料成分一致，均系进口钴料，但洪武器呈色多数呈灰蓝色，不如元青花呈色鲜艳透亮。洪武青花龙凤纹三足炉（图 6-1），腹部主体青花绘龙凤纹，辅以云纹等。炉内施白釉。此器有元瓷制作遗风，形制较大，胎骨厚重，釉质肥润，纹饰绘制精美生动，笔力遒劲，豪放生动，风格朴实。苍龙矫健在云间飞奔，飞凤轻盈，展翅

图 6-1　明洪武青花龙凤纹三足炉

高翔，画面生动传神。龙凤相拥，并伴以祥云萦绕，寓意吉庆祥瑞，幸福和平，"龙凤呈祥"图案，为明清官窑瓷器中典型纹样之一。洪武时期烧造的青花器有碗、盘、瓶、壶等，炉十分罕见，故此器弥足珍贵。洪武釉里红缠枝菊花纹玉壶春瓶（图6-2），通体釉里红纹饰，腹部绘缠枝菊花纹，下腹绘仰莲瓣纹等。玉壶春瓶为酒具，此瓶承袭元代玉壶春瓶的形制，颈部较元代短，且加粗，下腹丰满，足径加大，造型更加丰满健稳，为典型的洪武器物。 绘工精细流畅，为洪武釉里红瓷器中的精品。釉里红元代景德镇窑始烧，由于釉里红瓷烧制对窑室中的气氛要求十分严格，烧成难度大。明初洪武时期，由于烧造技艺的提高，

图6-2　明洪武釉里红缠枝菊花纹玉壶春瓶

釉里红发色纯正艳丽，釉里红瓷的产量增大，品种有大盘、大碗、盏托、壶、瓶等。

　　明代景德镇御窑厂的设置，为官窑瓷器发展和繁荣奠定了基础。品种有釉下彩瓷器，包括青花、釉里红、青花釉里红等；釉上彩瓷器有红绿彩、五彩等；青花加彩有青花红彩、青花五彩、斗彩等；杂釉彩瓷器有白地红彩、绿彩、黄彩、酱彩、金彩等白地衬托的单彩瓷器以及黄地绿彩、黄地青花、红地黄彩和素三彩等瓷器；颜色釉瓷器有白釉、红釉、蓝釉、黄釉等瓷器。此外明代景德镇官窑还生产出了孔雀绿釉、茄皮紫釉、绿釉和矾红釉等瓷器。明代景德镇御窑厂官窑瓷器从永乐时期起，开始题写皇帝年号款，宣德时期，在瓷器上写款制度的确立，使用年号纪年款成为定制，因为是初成定制，所以款识的部位不固定，款式也多样。宣德以后一般在器物底部书写皇帝年号款。

　　明代景德镇官窑瓷器的用途，从文献记载和传世瓷器来看，日用类瓷器是明代景德镇御窑厂烧造中最大宗的器物，传世品也最多。据《江西省大志》统计，景德镇御器厂为明代宫廷烧造的日用器有缸、瓶、盒、壶、执壶、靶碗、靶杯、靶盅、盅、杯、盘、盏、罐、坛、钵、烛台、渣斗、卤壶、果盒、茶盅、酒盏、酒碟、酒盅、果碟、菜碟、盖碟、膳碗、凉墩、著盘、扇匣等40多种。文房类瓷器有笔、挝笔管、笔冲、笔盒、笔架、笔筒、砚、砚滴等

器。陈设器有屏风、花盆、山子、鱼缸、瓶、罐、大缸等。赏玩类瓷器有棋盘、棋子、蟋蟀罐、鸟食罐、过笼、鸟笼花插等。赏赉用器，对外赏赉用瓷指明代皇帝派官员出使外国或番属赠送的瓷器，以及外国使臣或番属来明朝入贡报聘时获赏赐的瓷器。据史料记载，在明代得到赏赉瓷器的国家和部族有琉球、朝鲜、占城、真腊、撒马尔罕、失剌思、日落国、西藏、蒙古等。对内赏赉用瓷指皇帝恩赐奖赏他人的瓷器，包括御用瓷和专门烧造的赏赉瓷两种，受赐人员有亲王、官员和功臣等。宗教用瓷主要有靶杯、靶碗、藏草瓶、僧帽壶等器，佛教造像如观音等器，还有为宗教性建筑烧造的瓷砖等。祭祀用器，"国之大事，在祀与戎"。《大明会典》记载："洪武二年（1369年）定祭器皆用磁的制度。"江西景德镇珠山明代御窑厂遗址中出土有洪武白瓷爵和白瓷盘等器。《江西省大志》记载从嘉靖八年到万历二十二年御器厂共烧造过祭礼器有爵、笾、豆、盘、尊、壶、瓶、盏、尊、毛血盘、盅、碗、牺尊、拜砖等器。御窑厂为宫廷烧造的瓷质建材有瓷砖、瓷板瓦、瓷滴水、瓷脊等建筑部件。

综上所述，景德镇明代官窑瓷器的生产与发展，代表了当时中国制瓷业的最高水平和成就。

2 永乐和宣德青花瓷

明代永乐、宣德时期是中国青花瓷生产的黄金时代，其品种多样，造型丰富。以纹饰精致、青花色泽浓艳而久负盛名。这一时期，郑和下西洋开通了海路，青花使用从西亚波斯进口的"苏麻离青"料，呈色艳丽，有晕散及铁锈斑痕。器形制多仿自西亚伊朗、伊拉克等国风格，而装饰是中国传统纹样，反映出明初中外文化交流与影响。主要造型有扁壶、尊、扁瓶、执壶、折沿盆、漏斗、军持、梅瓶、炉、罐、大盘等。器物造型多简洁饱满，青花色泽浓艳，纹饰清新雅致。

永乐青花海水白龙纹扁壶（图6-3），腹部青花满绘海水纹为地，刻划两条白色行龙，履水而前，波涛滚滚、汹涌澎湃，卷起白浪，有"惊涛拍岸、

图6-3 明永乐青花海水白龙纹扁壶

卷起千堆雪"之感。钴蓝釉地白花装饰始见于元代景德镇窑，明代永乐、宣德时期制作更加娴熟，蓝白相映，各臻其妙，纹饰生动。制作规整，青花浓艳，绘制与刻划装饰技法相结合，纹饰奔放，气势宏大，堪称明代青花瓷中的精品，充分展现出永乐青花瓷典雅秀美的艺术风韵。造型源自13世纪伊斯兰文化玻璃扁壶，反映出明初中外文化交流与相互影响，为永乐青花瓷之精品。宣德时期同样形制和纹饰的器物，宣德器浑厚凝重，永乐器轻盈秀美，艺术风格不同。清代雍正时期有仿，但纹饰纤柔，线条不够豪放。永乐青花缠枝莲纹折沿盆（图6-4），盘心及内外壁皆绘缠枝花卉，内口沿绘海水

图6-4　明永乐青花缠枝莲纹折沿盆

纹，外细砂底。形制仿自西亚伊朗黄铜折沿盆，而装饰是中国传统纹样，反映出明初中外文化交流与影响。造型简洁饱满，胎质洁白细腻，青花色泽浓艳，纹饰清新雅致，线条流畅柔和。宣德时期有同样形制和纹饰的器物，宣德器浑厚凝重，永乐器轻盈秀美，艺术风格不同。清代雍正时期有仿，但纹饰纤柔，线条不够豪放。胎质洁白细腻，青花色泽浓艳，纹饰线条流畅柔和。永乐青花瓷造型多样，盘类最具有代表性，有敛口、敞口和折沿等形制，折沿口又可分为圆形和菱花式。每一式样其规格不一，小者直径盈尺，大者近八十厘米。

　　明代宣德时期是中国青花瓷生产的黄金阶段，不仅质量高超，而且规模、烧造数量较大，景德镇御窑厂的瓷窑在宣德年间增至18座，据《大

明会典》载，宣德八年（1433年），朝廷下令景德镇烧造龙凤瓷器443500件。青花瓷为宣德时期主流产品，造型丰富，胎体厚重，青花浓艳，纹样吉祥。宣德时期青花瓷以古朴典雅的造型、晶莹艳丽的釉色、多姿多彩的纹饰而著称于世，其烧造技术达到了中国青花瓷的高峰。《景德镇陶录》评价宣窑瓷器有"诸料悉精，青花最贵"之说，其艺术成就被称为"开一代未有之奇"。

宣德青花夔龙纹罐（图6-5），颈绘如意云头纹，肩绘朵花和勾云纹，腹绘夔龙衔花纹，胫处饰莲瓣纹，外底青花双圈内书"大明宣德年制"六字二行楷书款。除画夔龙纹，尚有绘缠枝莲花、莲花托八宝、折枝花果和狮子戏球纹等。造型敦厚，青花色泽深沉浓艳，构图舒朗，为宣德青花的典型器。

图6-5 明宣德青花夔龙纹罐

图6-6 明宣德青花折枝灵芝纹石榴尊

宣德青花折枝灵芝纹石榴尊（图6-6），器因形似石榴而得名。通体呈六瓣瓜棱状，鼓腹，高圈足外撇，台阶式内底。折沿处绘莲瓣纹，颈绘圆圈纹，肩绘变体莲瓣纹，腹绘折枝灵芝纹，近足处绘仰覆莲瓣纹，外底青花双圈内书"大明宣德年制"六字二行楷书款。灵芝被视为益寿延年的仙草，又是南极仙翁掌管之物，能驱病降邪，在瓷器装饰纹样中广泛使用，以象征祥瑞。石榴尊造型别致，是明代宣德时期创新器型，流行于清代康熙、雍正、乾隆时期，品种丰富，除特意仿制宣德青花器外，尚有釉里红、天青、豆青、天蓝、霁红、仿钧釉等制品，大部分书有本朝年款。

明代王士性《广志绎》中评价宣德青花："本朝以宣成二窑为佳，宣窑以青花胜，成窑以五彩。"许之衡《饮流斋说瓷》记有"宣窑之美为有明一代冠，不但宣红，宣黄彪炳叶已也，即青花、五彩各器并发明极多，咸为后代所祖……"。清朱琰《陶说》有"按此明宣窑极盛时也，选料、制样、画器、题款无一不精"的赞誉。永乐、宣德青花瓷多绘折枝花果纹、绘缠枝牡丹、缠枝莲花、缠枝灵芝、莲花八宝、松竹梅、云龙纹、轮花纹、葡萄纹、枇杷花鸟、竹石芭蕉等图案。清人《南窑笔记》评价宣德青花有"宣窑一种，极其精雅古朴，用料有浓淡，墨势浑然而庄重，……"。从宣德时期开始，青料开始使用国产青料，故宣德青花发色有浓淡变化。

3 空白期瓷器

　　明代正统、景泰、天顺三朝在中国历史上是多事之秋，政治动荡纷乱，先后有"土木之变"和"夺门之变"，干戈不息，灾荒频现，社会动荡，是一个混乱黑暗的时代，景德镇瓷业不甚发达。史书载，在不足30年内，明政府屡次对瓷器的生产有禁烧、减烧的戒令，加上传世品铭有此时期纪年的瓷器十分罕见，因时局动荡不安，正统至天顺时期烧瓷面貌不清，陶瓷史界称此时期为明代瓷器发展史上的"空白期"或"黑暗期"。

　　随着陶瓷界对传世品的造型装饰纹饰、工艺特征、胎釉等方面的排比研究，以及景德镇御窑厂的发掘和各地纪年墓出土器物的研究，揭示出"空白期"瓷器"不空白"的真正面目。它正处在宣德与成化两个制瓷高峰之间，孕育着从宣德时期雄健浑厚的艺术风格向成化时期玲珑秀丽的方向转变。宣德十年（1435年），英宗登基，"烧造瓷器……悉皆停罢。"从此以后御器厂的生产处在时有时无的状态。另外由于战乱与饥荒，导致了工匠的逃亡和良将的缺乏使得御器厂烧造能力很弱，不能按时按质完成烧造任务。如正统九年（1444年）命造的青花大龙缸因"瑕莹不堪，遣锦衣卫指挥提督官后，仍派内官赴饶州更造"。御窑厂遗址曾出土正统青花大龙缸，应是那时烧造的"瑕莹不堪"的废品。"空白期早期"瓷器笔致俊巧，纹饰严谨秀丽，与宣德瓷器风格相近。"空白期后期"的瓷器，绘制柔软，纹饰线条纤细，画风接近成化风格。空白期时期瓷器多见青花瓷，器型有梅瓶、罐等。纹饰有高士图、双狮戏球、缠枝花卉图等纹饰，绘制纵横豪肆，淋漓奔放，艺术风格独特。

　　正统青花狮子戏球纹梅瓶（图6-7），器青花装饰，肩部绘折枝花卉纹，腹部为狮子戏球纹，辅以祥云、火珠、杂宝纹等。三狮奔逐

图6-7　明正统青花狮子戏球纹梅瓶

绣球，相互呼应，形象生动逼真，神态威猛。胫部为蕉叶纹。狮子戏球纹为吉祥图案。此器造型挺拔古朴，胎体厚重，釉面青白肥润，青花色泽浓艳，纹饰粗犷，绘制洒脱遒劲，展现出正统瓷器的艺术风采，为空白期青花瓷的代表作。

天顺青花携琴访友图罐（图6-8），颈部为回纹，肩部为钱纹锦地海棠式开光内绘折技花卉纹，腹部主题纹饰为高士携琴访友图，画面云雾缭绕，似天上仙境，意境深邃，人物描绘得惟妙惟肖，飘然若仙。

图6-8　明天顺青花携琴访友图罐

正统、景泰、天顺年间，面对动荡不安的现实，使人们产生向往世外桃源的思想，寄托人们对美好平和生活的追求，此类高士图正是这种思想的反映。所绘人物冠带、衣衫飘拂，表情生动，用笔豪放不羁，画意洒脱飘逸，艺术风格活泼自然，有文人画的笔情墨意。画面笔触不甚清爽，所绘云纹，粗重豪放，时代特征鲜明。许之衡《饮流斋说瓷》评论明代瓷绘有"明代绘事，人物虽不甚精细，而古趣横溢，俨有武梁画像遗意"。器胎体厚重，釉面肥腴，青花色泽浓重深沉，画风淋漓奔放、纵横豪肆，纹饰布局错落有致，为空白期的典型器。正如许之衡《饮流斋说瓷》评"明瓷之画也，用笔粗疏而古器横溢，且有奇趣，其地之色釉浓厚深穆，却非后来所有"。

4 单色釉瓷器

明代景德镇官窑以青花瓷为生产主流，其颜色釉的烧制也达到了炉火纯青的地步。有红釉、白釉、黄釉、蓝釉、黑釉等品种。永乐宣德时期铜红釉代表了明代高温色釉取得的成就。高温铜红釉元代景德镇窑创烧，釉中铜含量在 0.3%—0.5%，1200℃ 还原焰中烧成，因氧化铜在高温下极易挥发，且发色对窑内气氛、温度很敏感，鲜红釉烧成十分不易，故成品率低，一旦烧成非常名贵。明宣德以后，到嘉靖时期，红釉很难烧制，改用矾红彩代替鲜红。

明永乐、宣德红釉器烧造技术高超，质量最佳，名重一时，其釉质匀净，鲜艳夺目，犹如宝石红，备受世人珍爱，称为"鲜红"、"宝石红"，为明代景德镇窑珍贵的色釉品种。永乐红釉器有盘、碗、高足碗、瓶等。永乐红釉盘（图 6-9），胎薄体轻，器心与外壁施红釉，外底施白釉。口沿因高温红釉垂流而呈现出白色胎骨，俗称"灯草边"。红釉鲜丽，釉质匀净，釉汁莹厚如堆脂，为永乐红釉的典型器。前人对永乐、宣德时期的鲜红釉评价极高，明万历年间王世懋在《窥天外乘》称："……我朝则专设浮梁景德镇，永乐、宣德年间烧造，迄今为贵。其时以鬃眼甜白为常，以苏麻离青为饰，以鲜红为宝"。清人蓝浦《景德镇陶录》评价有："永器鲜红最贵"。清末陈浏撰《陶雅》有"大红、鲜红，皆宝石釉也，一道釉之器皿最为珍贵"之说。

图 6-9 明永乐红釉盘

宣德红釉在继承永乐时期制瓷工艺的基础上又有所发展，使红釉瓷烧造达到了顶峰。宣德红釉殷红灼烁，明如镜，润如玉，似宝光四溢、静穆凝重的红宝石，称为"宝石红釉"，或称为"祭红"。陈浏撰《陶雅》中记："宣德祭红色匀而釉厚，光彩动人，底足之釉垂垂如漆，所谓大红宝石釉者也。……宣德积红盘两面皆作丹砂，宝光逼人"。许之衡《饮流斋说瓷》有"明宣祭红，天下称为瑰宝"之称。宣德红釉器造型比永乐时更为丰富，有盘、碗、高足碗、梨形壶、僧帽壶、梅瓶、卤壶、炉、洗等，多无纹饰，少量有暗花或金彩装饰，有云龙纹等。

白瓷是中国古代著名的颜色釉品种之一，白瓷的烧制晚于青瓷，其烧造历史悠久，湖南长沙东汉墓已出现早期白瓷，1971年河南安阳北齐武平六年（575年）凉州刺史范粹墓出土一批北齐白瓷，质量较高，有碗、杯、罐、长颈瓶等，白釉微泛青，为早期北方白瓷的代表作。白瓷成熟于唐宋时期，至明代永乐时期，白瓷制作精湛，釉质洁白纯净，温润晶莹。明代永乐白瓷釉料加工精细，含铁量极低，釉质洁白纯净，温润晶莹，似白糖的颜色，有甜美的感觉，故有"甜白"之称。明代黄一正所撰《事物绀珠》卷二十二记有"永乐、宣德二窑内府烧造，以鬃眼甜白为常"。永乐甜白釉瓷精美绝伦，"白如凝脂，素若积雪"，以划花和印花器为上品。永乐甜白釉瓷造型有梅瓶、四系罐、玉壶春瓶、僧帽壶、军持、爵杯、匜、豆、盘、高足碗、杯等，精美绝伦。永乐白釉暗花缠枝莲纹梅瓶（图6-10），肩以下渐收至胫部外撇，圈足。器身锥刻纹饰，肩部为卷草纹，腹部为缠枝莲纹，胫部为折枝莲花纹。通体施白釉，胎薄体轻，釉质光洁无瑕，纹饰纤细，线条流畅，为永乐甜白釉瓷中的珍品。永乐甜白釉瓷有脱胎器一种，胎壁极薄，有"只恐风吹去，还愁日炙销"之感。许之衡《饮流斋说瓷》中记脱

图6-10 明永乐白釉暗花缠枝莲纹梅瓶

胎器："此等制器，始于永乐，仿于康雍，乾隆以后遂不能仿，盖夺造化之天工，极制作之能是矣。"

蓝釉属高温石灰碱釉，釉中掺入适量钴料作着色剂，生坯施釉，在1280℃—1300℃高温下烧成。元代景德镇窑始烧，明代蓝釉又称为"霁蓝"、"霁青"、"祭蓝"等，据《大明会典》载，嘉靖九年（1530年），定四郊各陵瓷器的颜色，"圜丘青色"，即祭天用蓝釉器。宣德时期蓝釉烧造工艺技术娴熟，釉面光润，釉质肥腴，色泽纯正如蓝宝石鲜丽，又称为"宝石蓝"。后人推宣德蓝釉为宣窑中的上品，清乾隆《南窑笔记》记有："宣窑……又有霁红、霁青、甜白釉三种，尤为上品。"宣德蓝釉器有刻花或印花装饰。宣德蓝釉暗花双龙戏珠纹盘（图6-11），外壁施高温钴蓝釉，器内施白釉，暗刻双龙戏珠纹，外底施白釉，暗刻双圈内书"大明宣德年制"六字两行楷书款。器口呈白色，俗称"灯草口"。蓝釉釉质匀净，色泽明亮。此盘古朴端庄，釉质匀净光洁，色泽明亮艳丽，为宣窑蓝釉瓷中的精品。

图6-11 明宣德蓝釉暗花双龙戏珠纹盘

黄釉瓷创烧于明初，因"黄"与"皇"谐音，黄色成为皇家尊贵的象征。黄釉瓷创烧于明代洪武时期，黄釉瓷器在景德镇官窑中占有重要地位。宣德黄釉盘（图6-12），内、外壁施黄釉，外底施白釉，底心青花双圈内书"大明

图6-12 明宣德黄釉盘

宣德年制"六字二行楷书款。器胎体轻薄，黄釉娇艳，色泽明快，光洁素雅。是明、清两代官窑的传统品种之一。黄色是明代宗庙祭器的重要颜色。嘉靖年间定四郊各陵瓷器的颜色，黄釉器有二种施釉方法：其一，在白釉器上罩黄釉，低温二次烧成；其二，在胎坯上直接施黄釉烧制。宣德黄釉器为二次烧成，器物有盘、碗，但传世品罕见。

　　明代对黄釉瓷的使用有明确规定，据《大明会典》载：明嘉靖九年，定"方丘黄色"，即黄釉器为祭祀地神之用。另据《国朝宫室》卷十七《经费一》记载，全黄釉器只限皇太后使用。黄釉是以铁为呈色剂的低温铅釉。明代弘治时期所烧黄釉质量最好，胎白质细、釉质均匀光洁、淡雅娇嫩，釉色光润如鸡油，为明代黄釉瓷之典范。弘治黄釉盘（图6-13），器施黄釉，釉质匀

图6-13　明弘治黄釉盘

净，色泽淡雅，足内施白釉，外底青花双圈内书"大明弘治年制"六字二行楷书款。胎体轻薄，釉面光润明艳，匀净柔和，色泽淡雅宜人。明宣德黄釉釉面肥厚，釉色较深，不及弘治黄釉细润，弘治黄釉比成化黄釉显得深厚，而比正德黄釉又浅淡。弘治黄釉器胎白质细，器物颜色通体一致，均匀光润，釉色淡雅娇嫩，光润如鸡油，世称"娇黄"、"鸡油黄"，又因以浇釉法施釉，故有"浇黄"之称，在历朝黄釉瓷器中有极高的声誉，为明清黄釉的典范，其烧造技术已臻炉火纯青。弘治黄釉器造型以碗、盘居多，罐类大件器物较少见。

5 成化斗彩和嘉万五彩瓷

　　"斗彩"是釉下青花与釉上彩绘相结合，争奇斗艳，雅丽精致。斗彩创烧于明宣德时期，尤以成化斗彩器堪称瓷中瑰宝。《明史》记载："烧造御用瓷器，最多且久，费不赀。"明成化年间，皇帝及万贵妃喜欢珍宝及精美器物，宫廷对瓷器需求猛增，制作精益求精。彩瓷的制作十分精致，成化斗彩名噪一时，成为后世争相仿造的名品。斗彩瓷是成化时期的精细之作。清蓝浦《景德镇陶录》卷五"成窑"记有"成化厂窑烧造者，土腻埴质尚薄，以五彩为上"。明人或清人在著书立说时将明成化斗彩瓷器统称为"五彩"。"神宗时，尚食御前，成杯一双，值钱十万，当时已贵重如此。"朱琰《陶说》评到："古瓷五彩，成窑为最，其点染生动，有出于丹青家之上着，画手固高，画料亦精。"著名陶瓷鉴定家孙瀛洲有"成化瓷器，胎质细腻纯白，白釉莹润如脂，彩色柔和，笔法流利，造型清灵秀美，表里精致如一"的赞誉。

　　成化斗彩以罐和小件器皿为主，以斗彩杯最负盛名，大家熟知的成化斗彩鸡缸杯已价值过亿。因当时饮酒品茗之风盛行，传世品多见小件杯类，有鸡缸杯、葡萄杯、高士杯、婴戏杯、三秋杯、菊花杯等，有很高的欣赏和艺术价值。成化斗彩釉色十分丰富，红色有鲜红、油红，紫色有葡萄紫、姹紫、赭紫，绿色有水绿、叶子绿、葱心绿、秋葵绿，黄色有蛾黄、杏黄、蜜蜡黄、姜黄等。成化斗彩葡萄纹高足杯（图6-14），外壁饰斗彩折枝葡萄纹，葡萄与叶子覆以浓重的紫彩，茎蔓填以黄彩，足内边自右向左青花横书"大明成化年制"六字楷书款。为成化官窑创新器型，造型秀巧，施彩明艳，绘工细腻，施彩多使用平涂技法，叶无反侧，色彩浓淡相宜，葡萄

图6-14　明成化斗彩葡萄纹高足杯

纹采用"姹紫"彩绘制，串串低垂的葡萄，饱满晶莹，为成化斗彩器之精品。《博物要览》有"成窑上品，无过五彩。葡萄撇口扁肚靶杯，式较宣杯妙甚"的赞誉。成化斗彩婴戏纹杯（图6-15），外壁饰斗彩婴戏图，分为二组，一组为放风筝，一童奔跑拉拽风筝，一童在旁观望；另一组三童作斗草游戏，画面衬以流云、柱石、棕榈、芭蕉、青草等。外底青花双方框内书"大明成化年制"六字双行楷书款。成化斗彩瓷器取得很高的艺术成就，深得后世敬仰。此杯明代嘉靖、万历和清代康熙、雍正、乾隆时期，均竭力仿效制作。成化斗彩花蝶纹罐（图6-16），造型秀丽，胎釉细润晶莹，斗彩绘折枝花卉山石纹，数只彩蝶飞舞期间，外底青花双圈内书"大明成化年制"六字两行楷书款。此造型源自明永乐时期翠青釉罐，装饰纹样有牡丹飞蝶、九秋花草、缠枝莲花、莲塘水藻纹等。造型饱满，胎质细腻，釉质温润肥腴，施彩明快艳丽，色彩缤纷，画意生动，绘制纤柔精细，疏朗明快，颇显宁静平和之气，施彩明快艳丽，画意纤柔精细，绘制生动，展现出画工高超的技艺和艺术修养。成化官窑斗彩大器少见。

图6-15 明成化斗彩婴戏纹杯

图6-16 明成化斗彩花蝶纹罐

　　成化时期烧造瓷器上承明永宣之精萃，一改永乐宣德时期雄健豪放的风貌，又锐意创新，瓷器造型多玲珑秀奇，胎釉细润晶莹，彩料精选纯正，色调柔和宁静，绘画淡雅幽婉，以其轻盈秀雅的艺术风格而著称。采取双线勾勒填色绘制技法，画工规整，笔触秀丽。《竹园陶说》评论有："成窑画笔古今独步，盖丹青妙手寄其心力于瓷片之上，故能笔细如发，用青如用墨，点

染描画，各臻其妙也。”

"五彩"是以多种金属为着色剂的材料绘制，是明清时期著名的釉上彩瓷品种之一，明代宣德时期创烧，嘉靖、万历时期盛行，以嘉靖五彩最负盛名。素有"百件万历彩，不及一件嘉靖彩"的美誉。以色彩绚丽多姿、画意活波自然取胜。嘉靖、万历时期是五彩瓷器发展的繁荣时期，传世品较多。

嘉靖、万历时期，烧造瓷器时间长，数量大。嘉靖一朝四十五年，因嘉靖皇帝崇信道教，迷恋长生不老的丹术，四处寻求长生不老仙药，官窑瓷器造型和装饰富有浓郁的道教色彩，纹饰喜用八仙、云鹤、人物、鱼藻纹、婴戏图、松竹梅、八卦寿字、寿桃、吉祥文字、道教符咒等图案。古代传说鹤为长寿祥瑞仙禽，鹤为羽族之长，在中国文化中占有重要地位。传说它跟随神仙和道人云游，被称为"一品鸟"，地位仅次于凤凰。千年化作苍，又千年变为黑，称为玄鹤，具有仙风道骨。《相鹤经》中称其"寿不可量"。《淮南子·说林训》记"鹤寿千岁，以极其游"。又有"以鹤取寿"之说，有诗赞"桃花百叶不成春，鹤寿千年也未神"。

嘉靖五彩中大件器物较多，有缸、罐、大盘、花盆、葫芦瓶等。嘉靖五彩鱼藻纹盖罐（图6-17），高46厘米，盖为天盖地式，宝珠形钮。通体以青花、枣红、娇绿、密黄等釉彩合协搭配的五彩绘鱼藻图，在荷花、水草、浮萍之间，游鱼或翻转嬉戏、或张嘴觅食，均形肖神显，清澈的池水，茂盛的水草，欢畅的游鱼更显生机勃勃，展现出鱼水相融和怡静的自然风景。器辅以变形覆莲瓣纹、蕉叶纹、璎珞纹、八宝纹等，外底青花书"大明嘉靖年制"六字双行楷书款，1955年北京东郊出土，形制高大，构图饱

图6-17 明嘉靖五彩鱼藻纹盖罐

满，画意生动，寓意吉祥，色彩浓艳，为嘉靖五彩代表作，出土器物，保存完好，弥足珍贵。嘉靖时期官窑瓷器有两个显著特征，一是纹饰多具有道教色彩，二是大件器物日渐增多，有大龙缸、大罐、葫芦瓶、大盘等，但修胎较粗糙。嘉靖时期罐的造型丰富，有圆形、方形、六方、八方、长方、扁方、瓜棱等形制，有青花及各色彩釉品种。

明代万历朝，在中国陶瓷发展史上占有重要地位。其间生产瓷器较多，据《大明会典》记载，仅万历十年（1582年）江西烧造各样瓷器96600余件，除日常用品外，还下令烧造屏风、文具、陈设用瓷等。传世万历瓷器多见青花、五彩器。邵蛰民《增补古今瓷器源流考》对万历瓷评价有"隆万厂器土填坟，质有厚薄，色兼青彩，制作益巧，无物不有，汁水莹厚如堆脂"。《明史·食货志》记载"采造之事，大约靡于英宗，继以宪武，至世宗神宗而极"，万历瓷器以量多质精，工艺奇巧为特征。

图6-18 明万历五彩瑞兽纹葵瓣式觚

万历时期五彩瓷器的制作达到了鼎盛时期，烧造时间长，数量之多，质量之高，令人赞叹。陈浏《陶雅》记有"五彩能力最大，纵横变化，层出而未有穷也"。许之衡《饮流斋说瓷》记有"万历瓷踵嘉靖法而益务华丽，两面彩、夹彩之品甚多……花样奇巧绚烂，不胜枚举"。万历时期五彩器的制作达到高峰，烧造数量之多，质量之高，堪称空前绝后。器型多见葫芦瓶、罐、花觚、五彩穿花龙纹蒜头瓶等，纹饰以龙凤、瑞兽、海水江芽、花卉瑞鸟纹为主，器型古拙，色彩艳丽。万历五彩瑞兽纹葵瓣式觚（图6-18），器呈八葵瓣式，口沿下双长方框青花横书"大明万历年制"六字楷书款。通体绘五彩纹饰，颈部八面各绘花卉、草虫、洞石纹、双龙穿花纹和折枝灵芝托八宝纹，腹部绘异兽、苍松和祥云纹，胫部绘有折枝花卉、异兽、祥云纹等。造型新颖别致，纹饰缜密，绘制精湛，施彩艳丽，尽展万历五彩瓷"龙凤花草各肖形容，五彩玲珑务极华丽"的艺术风格。陈浏《陶雅》评价万历彩瓷记有："万历彩画自不如成化之工，要其颜色深厚，画笔雄健，亦迥非后世所及。"万历五彩穿花龙纹蒜头瓶（图6-19），也为万历五彩佳作。

万历四十八年（1620 年）七月，明神宗朱翊钧去世，葬于定陵，神宗在位四十八年，为明代在位时间最长的皇帝。定陵是北京明十三陵唯一被科学挖掘进行研究的陵墓，出土了大批珍贵历史文物，有精美的瓷器、金银器、缂丝等。瓷器有嘉靖青花龙纹缸、万历青花梅瓶、素三彩炉等，为明代历史的研究提供了丰富的材料。

图 6-19 明万历五彩穿花龙纹蒜头瓶

6 明末青花瓷器的艺术特色

明末清初，因政局动荡不安，御窑厂的瓷器生产活动基本废停，泰昌、天启、崇祯、顺治年号款的瓷器极其罕见，这段时期景德镇御窑厂官窑生产情况文献记载也十分少见。有的学者称这段时期为"过渡期"，以青花瓷器烧造为主，民窑青花瓷器蓬勃兴起。本节主要阐述明末过渡期青花瓷器的艺术特色。

在嘉靖时期，景德镇御窑厂就出现了"官搭民烧"的制度。由于社会商品经济的发展与需求，到嘉靖晚期，御器厂的部分瓷器已经作为商品出卖了。商业的发达，物质的累积，必定造成人们追求生活品质的提高，各阶层如士夫官宦、文人墨客、富商巨贾定烧高质量民窑瓷器之风颇为盛行，这时期生产制作了大量带堂名款、纪年款、吉祥款等高质量瓷器，多数为青花瓷器。到万历三十六年（1608年）至崇祯十年（1637年），景德镇御窑厂处于停烧状态，景德镇御窑厂经历了200多年风雨，走到了尽头，由此衰落。万历时期御窑厂瓷器生产的衰退与辍烧，使民窑得以蓬勃发展起来，成就了晚明瓷器艺术风格的形成。民窑生产是以广大民众为对象。民窑器虽质量逊于官窑，但其绘制技法奔放，构图简洁，纹饰丰富多样，充满民间质朴的艺术风格。

从明末开始青花使用国产青料，浙料逐渐成为景德镇青花瓷最主要的用料，青花发色淡雅，渲染层次丰富，人物故事和风景成为主题纹饰，云雾及山石皴染有浓厚的文人笔意，借鉴了水墨画调墨技法，使青料呈色具有由浓到淡的丰富色阶，从而达到与水墨画相似的艺术效果，这些均开始体现在万历晚期民窑青花瓷器上，青花纹饰的绘制借鉴了当时文人的绘画风格，明中后期以来，文人绘画日益受到社会追捧，势必影响到晚明过渡期青花瓷器的纹饰上。

明末青花瓷器纹饰反映文人生活题材的主要有：赴任、求仕、游学、谪迁、行旅、加官晋爵、衣锦还乡、松下对弈、携琴访友、踏雪寻梅、烹茶清谈、雅集文会、饮酒赋诗等；这些题材的出现反映出当时文人面对科举考试积极进取的人生态度和寄望。反映历史典故、戏曲、小说、版画等人物故事情节的有文王访贤、兄弟联芳、三国故事、水浒故事、西厢图记等人物故事场景，这些题材的出现，反映出当时社会风尚及市民文化的需求。戏曲在明代晚期城市居民生活中占有重要地位，而元明之际，《三国演义》、《水浒传》

等小说的问世，开创了中国小说发展的新时期，明代中晚期，出现了中国古代史上长篇小说创作繁荣时期，这些直接为明末过渡期青花瓷装饰提供了内容素材，描绘三国故事场景的有捉放曹、空城计、赤壁之战等；描绘水浒故事情节的有李逵救母、智劫生辰纲等。器型常见筒瓶、罐、橄榄瓶、蒜头瓶、莲子罐、觚式瓶、笔筒、香炉、盘、碗、碟、杯、净水碗等。

崇祯青花潘斌绘状元及第图笔筒（图6-20），青花绘人物故事图，表现一位妇人和侍女驻足于南方庭院内远眺，前方云雾缭绕，旭日东升，一童子骑乘腾云驾雾的飞龙回望妇人。传说鲤鱼跳过龙门化为龙，童子乘龙寓意科举通过最后一关，高中状元。状元及第图寓意得中状元，仕途畅顺。庭院绘山石、竹子、亭台、芭蕉和游玩的童子，画面空白处书"己卯秋日于如意轩写，潘斌"题记。己卯年为崇祯十二年（1639年），笔筒口沿外壁刻划缠枝栀子花纹一周，胫部刻水波纹一周。胎体洁白致密，青花色泽淡雅，采用平涂

图6-20 明崇祯青花潘斌绘状元及第图笔筒

手法，山石树木渲染皴擦，层次分明，人物绘制形神俱佳，纹饰构图疏密得体，景物错落有致，颇得章法，笔触运用自然灵活，宛如一幅水墨画，文人画气息浓厚，是明末崇祯时期青花瓷艺术佳作。此器有确切纪年，是崇祯瓷器断代研究的标准器。

　　崇祯青花山水人物图净水碗（图6-21），除绘人物故事、树木芭蕉、红日垂柳外，图旁长方形开光内青花隶书"大明国江西道、南昌府、南昌县，信士商人肖炳喜，助净水碗壹付，供奉萧公顺天王御前。崇祯十二年仲秋月，吉立"五行四十四字。吴长元《宸垣识略》记载，萧公堂在北京前门打磨厂，明万历三年建，内刊洪都乡祠，所居均为江西人，萧公据说是鄱阳湖神。净水碗因用以盛圣水而名，多作为佛前供具，又称为"海灯"，明代万历时期创烧，一直延续到清代康熙时期，顺治时期最为流行。净水碗原配有托座，但多已散失，器座其形制称为"号筒尊"或"洗口兽耳瓶"。明晚期至清代早期定烧供器的风气颇为盛行，器身多书有供奉者的姓名、身份、烧造年代以及祈福求详的吉语等，装饰多为山水人物、云龙纹等，有鲜明的时代特征。此器有确切纪年款，是明末崇祯青花瓷器代表作。

图6-21　明崇祯青花山水人物图净水碗

7 明代龙泉窑和德化窑

明清时期，除景德镇窑外，还有浙江龙泉窑和福建德化窑白瓷生产。龙泉窑是著名的青瓷窑场，窑址在今浙江省龙泉县境内，宋元时期龙泉窑烧制青瓷盛极一时，明代在元代的基础上继续发展。《大明会典》（第一百九十四卷）记洪武二十六年（1393 年），明代宫廷用器。少量"凡烧造供用器皿等物，须要定夺样制……行移饶、处等府烧造"。即饶州府的景德镇和处州府的龙泉窑烧造瓷器。处州即龙泉。《处州府志》记龙泉窑青瓷：……"极晶莹，纯粹无暇，如美玉"。 洪武龙泉窑青釉菱花口盘（图 6-22），口径 62 厘米，菱花口，弧壁随菱花口呈十六花瓣形，通体施龙泉青釉，外底留有刮圈垫烧

图 6-22 明洪武龙泉窑青釉菱花口盘

痕，为明代龙泉窑的制品。此盘器型硕大，胎体厚重，做工精湛，通体光素无纹，釉色青翠碧绿似玉，釉质滋润，肥腴如脂，光洁如新，为龙泉窑青瓷中的珍品，应为朝廷烧制的供器。

永乐龙泉窑青釉印花卉纹壮罐（图6-23），器呈灯笼式，直口，短颈，直筒形腹，折底，圈足。口足相若，上下粗壮，俗称"壮罐"。通体施青釉，装饰印花纹样，颈部、圈足外墙均饰宝相花纹，肩、胫部为缠枝莲纹，腹部为上下两层交错排列的折枝花卉纹。足内有一圈无釉，胎有窑红。壮罐始见于明代永乐朝，为仿伊斯兰文化的器物，景德镇御窑厂有青花制品，清代乾隆年间多有仿制，有青花、斗彩、颜色釉瓷等。龙泉窑的制品较为罕见，此器釉质莹润，纹饰清晰，线条流畅。

图6-23　明永乐龙泉窑青釉印花卉纹壮罐

德化窑是我国古代著名窑场之一，窑址分布在今福建省德化县境内，宋元时期以烧造青白瓷为主，至明代所烧白瓷成为全国制瓷业中具有代表性的品种之一，清代延烧。明代德化白瓷胎质细腻，透光度好，釉面纯净光润，质白如脂。胎釉浑然一体，如雪似霜，在光照下，隐现粉红或乳白，故有"象牙白"或"猪油白"之称。德化白瓷摒弃彩饰，追求雕塑美和质地美，以非常独特的艺术风韵而见长，尤以瓷雕和供器最负盛名。弃明代德化窑以瓷雕和供器最负盛名。德化白瓷是我国外销瓷的主要品种之一，欧洲人称为"中国白瓷"。

明德化窑白釉莲瓣纹方壶（图6-24），壶呈方形，前置方流，后设方形曲柄，外口沿堆贴覆状莲瓣纹。方盖设有花蕾形钮，外围以凸起的柿蒂纹。通体施白釉，为明代德化窑烧制的饮茶用具。明代饮茶之风盛行，饮茶习惯一改唐宋时期的碾茶、煎煮的方法为冲泡茶叶，茶具的造型也随之变化，各式各样。明代景德镇窑、龙泉窑、德化窑均有烧制壶、杯等饮茶用具。此壶造型新颖别致，古朴典雅，美观大方，胎质细腻无暇，釉面光洁，釉质温润，为明末德化白瓷的代表作。

图6-24　明德化窑白釉莲瓣纹方壶

此外明代漳州窑生产的白釉释迦牟尼坐像（图6-25），生产水平也十分高超。释迦牟尼结迦坐于莲花台座上，左肩披衫，右肩袒露，胸部饰有"卍"纹。通体施白釉，釉色泛黄，有细小开片，胎灰白，质地较粗糙。外底有孔，孔上方刻"开元寺"三字；孔左侧竖刻"大明万历乙卯年漳州府东溪乡"两行十三字；孔右侧竖刻"治子陈福成叩谢"一行，字均为楷书，刻槽残留有填金痕。"万历乙卯"为万历四十三年，即公元1615年。雕像形体高大，制作工艺精湛，反映出明代漳州窑成型、烧制工艺之高，为瓷塑艺术中珍品。有确切纪年，是漳窑瓷器断代研究的重要标准器，也是研究漳窑烧造历史珍贵的实物资料，极为罕见。福建漳窑在明清时期烧造瓷器，主要生产民窑青花和少量白釉、青釉瓷等，多数为外销瓷。

图6-25　明漳州窑白釉释迦牟尼坐像

七、匠心独运
——清代瓷业的盛衰

受明末战乱破坏的景德镇瓷器生产在清初很快得以恢复。清朝前期和中期，特别是康熙、雍正、乾隆时期，社会经济进入到一个繁荣时期。中国瓷器的生产也在这个时期达到了历史最高峰，进入瓷器生产的黄金时代。

康熙皇帝在位61年，是中国历史上执政时间最长的一个皇帝。他喜欢瓷器，并对西洋科技、艺术都有爱好，发展创烧了瓷胎画珐琅，这对粉彩瓷器的创造有直接影响。康熙青花瓷生产量大质量精，胎白质坚，青花色泽鲜艳，装饰题材丰富，以山水、人物故事纹为主，纹饰描绘层次分明，有墨分五色，"青花五彩"之美誉。康熙五彩深凝艳丽，纹饰多以人物和花鸟画为主。康熙高温单色釉瓷以郎窑红、豇豆红为珍。

雍正皇帝虽然在位13年，他也十分爱好瓷器，直接决定瓷器的造型和装饰，精益求精，并派唐英为督窑官，生产出许多精美瓷器和仿古瓷等。雍正粉彩瓷器成为当时彩瓷的主流产品，造型多样，器型端庄典雅，纹饰丰富，常见山水、人物、花草、花鸟、虫蝶等，施彩柔丽，清新淡雅。雍正仿古釉有仿钧、仿官、仿汝、仿哥、仿茶叶末釉等，均仿效十分成功。

乾隆皇帝是继康熙后又一个执政长达60年的皇帝。乾隆对各类艺术的爱好，对瓷器的喜爱十分狂热，景德镇瓷器的生产达到登峰造极的境界，瓷器烧造品种丰富，种类多样，装饰华丽，纹饰繁缛，令人赞叹！除继续生产青花瓷外，彩瓷如粉彩、斗彩、珐琅彩更加精益求精。仿古瓷无论在造型还是釉质上均达到最高水平。同时还仿烧了各种手工艺品及惟妙惟肖的象生瓷等。康熙、雍正、乾隆时期的制瓷工艺代表了中国制瓷业的最高水平。

1 随性淡雅——过渡期的顺治瓷器

清蓝浦《景德镇陶录》记载洪武二年（1369 年）："就镇之珠山设御窑厂，置官监督烧造解京。"景德镇御窑厂烧造官窑瓷器供宫廷使用。景德镇御窑厂的设立，为明清官窑瓷器的发展打下了坚实的基础，是清代官窑瓷器走向繁荣和鼎盛的基石。

明末清初，社会处于动荡及百废待兴的时期，明代瓷业中心景德镇窑的生产也遭受重创。清政权初建，全国各地秩序未稳定，清政府对景德镇官窑生产更是无暇顾及，采取了明末已有的"有命则供，无命则止"的烧造制度，官窑生产断断续续，时产时停，御窑厂产量不大。据文献记载，顺治八年（1651 年），清室开始沿袭明代宫廷旧制，下令烧造黄龙碗等器。例如顺治蓝釉刻云龙纹盘，通体施蓝釉，外底施白釉，青花双圈内书"大清顺治年制"六字双行楷书款。此器是有顺治年款的官窑器，是明末清初瓷器断代研究的重要标准器。传世官窑顺治瓷器有青花、酱釉、茄皮紫釉、黄釉、蓝釉、白釉等品种，但数量较少。器物造型有炉、盘等。北京雍和宫藏有顺治八年江西监祭奉敕敬造款的官窑青花云龙纹香炉，由此推断，顺治官窑瓷器制作年代大部分晚于顺治八年。

顺治瓷器较多见的是民窑的青花和五彩瓷器，延续了明末过渡期瓷器的特点，民窑瓷器在造型方面沿袭了明末天启、崇祯瓷器的风格，同时也出现了一些新型品种，如筒花觚、洗口兽耳瓶等，顺治时期民窑瓷器器型有筒瓶、橄榄瓶、蒜头瓶、洗口兽耳瓶、筒花觚、花觚、观音尊、将军罐、莲子罐、香炉、笔筒、净水碗、碗、盘、碟、杯等。如国家博物馆收藏的顺治青花牡丹纹花觚（图 7-1），高 52.8 厘米，口沿施酱釉，纹饰分三层，绘牡丹纹、枯树、洞石、鸟纹、太阳纹、牵牛花和蕉叶纹等，青花色泽浓艳清翠，浓淡皴染适宜，形体高大，为顺治瓷器代表作。

顺治民窑瓷器图案纹饰也有明末过渡期的特征，但也出现了一些新的风格，如动植物、树叶洞石诗文、人物故事三类纹饰。动植物纹饰有：云龙、麒麟、云鹤、海兽、天马、狮、虎、豹、麒麟芭蕉、雉鸡牡丹、山石竹雀、山石牡丹、松竹梅、荷莲纹等。树叶洞石诗文，这类纹饰多装饰在青花盘的盘心处，盘左侧绘洞石，右侧绘一片树叶，其上题写"惜花春起早，爱月夜

图 7-1　清顺治青花牡丹纹花觚

眠迟"、"春游芳草地，夏游绿荷池"、"浮云游子意，落日故人情"、"梧桐一叶生，天下尽芳菲"、"梧桐一叶落，天下尽皆秋"、"满街梧叶，月在其中"等诗词佳句，是顺治民窑青花瓷独有装饰纹样，如顺治青花洞石秋叶题诗纹盘（图 7-2）。人物故事纹有：竹林七贤、太白醉酒、五老观画、天女散花、指日高升、科举及第、婴戏图、仕女图、仙人图、八仙祝寿、罗汉图、进爵图、历史故事、戏剧和小说场景图等。如顺治五彩八仙祝寿纹盘（图 7-3），八仙人物神态各异，青花和彩绘施彩明艳。

顺治民窑瓷器款识，干支纪年款主要见于青花器，有"戊子春月百花斋制"、"乙未年制"、"顺治丁酉年"等。署堂名款的有"百花斋"、"德馨堂"、"集雅斋"、"笔花斋"、"玉堂佳器"、"玉堂珍器"等。顺治民窑瓷器多胎体厚重，胎质有粗、细之分，瓷器釉面多为青白色，呈鸭蛋壳青色，釉层较薄，光泽度较差，大部分器物口沿施酱黄釉，是顺治瓷器一个显著特点，许多琢器底部多露胎不施釉。清代顺治时期瓷器承上启下，为康、雍、乾瓷器发展到鼎盛打下了基础。

图 7-2　清顺治青花洞石秋叶题诗纹盘

图 7-3　清顺治五彩八仙祝寿纹盘

2 青花五彩相辉映——康熙瓷器

墨分五色的青花瓷

《浮梁县志》最早记载康熙时期御窑厂烧造瓷器情况："康熙十年烧造祭器等项。"明代后期"官搭民烧"的做法在康熙时期成为定制，康熙早期因政局不稳，专门的御窑厂并未建立，故康熙早期青花瓷无官窑款识，代之以花押、图记、斋轩、堂名款等。康熙二十年（1681年）御窑厂恢复以后，瓷器上书写皇帝年款成为定例。这一年，政府派官员藏应选驻扎景德镇烧造御用瓷器，因此又有"藏窑"之称。《景德镇陶录》载："康熙年藏窑，厂器也，为督理官藏应选所造。土埴（质）腻，质莹薄，诸色兼备，有蛇皮绿、鳝鱼黄、吉翠、黄斑点四种尤佳。其浇黄、浇紫、娇绿、吹红、吹青者亦美。后有唐窑犹仿其釉色。"从万历三十六年（1608年）御窑厂辍烧到康熙二十年（1681年）御窑厂重新恢复的70余年时间，由于官窑的弱化，没有了禁忌和束缚的民窑生产充分发挥了各自的才情，使得过渡期青花瓷充满了随性洒脱的艺术性，反映出当时的社会风貌及人性关怀。御窑厂的恢复也标志着明末清初过渡期青花瓷独特风貌随之终结。

康熙时期青花瓷的生产不仅数量大，而且制作精良，胎质坚细洁白，青花色泽鲜艳，装饰题材丰富，纹饰描绘层次分明，有墨分五色、"青花五彩"之美誉。康熙以前，青花彩绘多分两个层次深浅着色，而康熙青花则发展成五个层次的深浅色阶，有"头浓、正浓、二浓、正淡、影淡"之分，尤其在表现山水画时，青花的层层晕染，犹如水墨画般丰富的表现力，有的多达十几层。清末陈浏《陶雅》记载："康熙彩之颜料固非后世所常有，论其画手高妙，不但官窑器皿仿佛王、恽，即平常客货亦莫不出神入化，波澜老呈……雍、乾两朝之青花盖远不逮康窑。然则青花一类，康青虽不及明青之秾美者，亦可独步本朝矣。"康熙青花瓷独特纯正且多达十几层浓淡适宜的钴蓝色，不但"独步本朝"，亦独步古今。许之衡《饮流斋说瓷》记："清初康熙青花亦足雄视一代。"康熙青花瓷青料使用国产青料浙料，但最优质康熙青花瓷则使用产于云南的珠明料，青花发色青翠浓艳。

康熙青花夜宴桃李园图棒槌瓶（图7-4），器因形似旧时涤衣棒槌而得名。腹部通景青花绘夜宴桃李园图，外底部青花双圈内书"大明成化年制"

图7-4　清康熙青花淡描夜宴桃李园图棒槌瓶

六字双行伪托款。此图取材于唐代诗人李白的散文《春夜宴诸从弟桃李园序》，描绘的是李白与众弟子，在春际桃李盛开之时，聚会桃李园之景。明月高挂，幽赏夜景，饮酒赋诗。图侧有青花楷书："夫天地者，万物之逆旅；光阴者，百代之过客。而浮生若梦，为欢几何？古人秉烛夜游，良有以也。况阳春召我以烟景，大块假我以文章。会桃李之芳园，序天伦之乐事。群季俊秀，皆为惠连；吾人咏歌，独惭康乐。幽赏未已，高谈转清。开琼筵以坐花，飞羽觞而醉月。不有佳作，何伸雅怀？如诗不成，罚依金谷酒数"，所录文字，与今日所见之版本仅有一字之差，今中华书局标点本《李太白全集》中此文有一句为"不有佳咏"，而瓶上为"不有佳作"。下钤"木石居"印。以浅淡的青花勾画描绘纹饰，称为"淡描青花"，此装饰技法始于明代末期，清代康熙、雍正、乾隆至道光均十分流行。此瓶用淡雅宜人的青花描绘，虽无浓艳富丽的色彩，但恰如其分地表现出文人雅士不问世事、清高淡泊、洒脱飘逸的风骨。细腻流畅的线条，将李白等人才华横溢、放荡不羁的性情刻画得惟妙惟肖，是康熙民窑青花瓷的代表作。

华贵而深凝的康熙五彩瓷器

五彩装饰是在宋金时期红绿彩瓷的基础上发展起来的。它在白釉器上以红、黄、绿彩绘纹饰，二次入窑低温烧成。目前所见最早的青花五彩瓷是明代宣德时期的作品，珍藏于西藏萨迦寺的青花五彩莲池鸳鸯纹碗和高足碗，明代五彩以嘉靖、万历朝为最。

康熙时期烧造瓷器品种丰富，除青花外，有五彩、粉彩、珐琅彩、郎窑红、霁红釉、蓝釉、黄釉等彩釉瓷，其中康熙五彩最具代表性。康熙五彩为著名的清代彩瓷品种之一，它以红、黄、蓝、绿、紫等彩料为主绘制，有的辅以金彩或只用红、黄、绿三彩。五彩可分为釉上五彩和青花五彩两种。釉上五彩是在白瓷上加彩后低温烧烤而成。青花五彩是在上釉前用钴蓝绘出图案的蓝色部分，罩釉烧制后，再彩绘其他色彩，然后入炉二次低温烧成。许之衡的《饮流斋说瓷》有"硬彩、青花均以康熙为极轨"的评价。硬彩即"五彩"，它与雍正盛行的有柔软感的粉彩相比，因质艳色坚而故名。康熙官窑五彩以规矩细腻而著称，装饰题材多受帝王喜恶的限制，而民窑器以釉彩浓重艳丽，纹饰题材丰富，画意清新活泼而独具艺术魅力。康熙五彩的装饰纹样比明代五彩广泛，除了花鸟、草虫、山水、走兽、鱼藻纹外，大量采用以戏曲和古典小说为题材的人物故事图案，如《三国演义》、《水浒传》、《西厢记》、《红楼梦》《隋唐演义》、《封神榜》等，此外还有木兰从军、耕织图、竹林七贤、四妃十六子、麻姑献寿、婴戏图、课子图等。这与明代以来版画、戏曲流行有关，构图绘画性较强，讲究虚实均衡，画风上，受陈老莲画派的影响，人物线条老辣，绘制纯熟准确，注重写实。康熙民窑五彩以人物画占较大比重。

康熙五彩在明代五彩基础上不断创新，获得了空前发展，其烧制技艺纯熟，达到了炉火纯青的地步。许之衡《饮流斋说瓷》记有："康熙硬彩，雍正软彩，硬彩者，谓色彩甚浓，釉箔其上，微凸起也；软彩又名粉彩，谓色彩深有粉匀之也，硬彩华贵而深凝，粉彩艳丽而逸。"

图7-5　清康熙五彩长亭饯别图棒槌瓶

陈浏《陶雅》评价康熙窑五彩记有："康熙彩画手精妙，官窑人物以耕织图为最佳，其余龙凤番莲之属，规矩准绳，必恭敬止，或反不如客货之奇诡者。盖客货所画多系怪兽老树，用笔敢于恣肆。"

康熙五彩长亭饯别图棒槌瓶（图7-5），外壁五彩绘长亭饯别图，描绘的是唐三藏奉诏取经离开长安时，太宗命文武百官到长亭饯别，老将尉迟恭（敬德）也亲自前来。唐僧久仰他的英名，便问当年战功及御果园勤王救驾之事，敬德一一道来。唐僧罪其杀生害命，敬德表示愿意皈依佛法。棒槌瓶为康熙时期创制的新器型，此器胎质坚白，用笔粗犷豪迈，描绘人物众多，神态各异，设色古雅。

康熙五彩三国凤仪亭图盘（图7-6），器内五彩绘《三国演义》故事图场景凤仪亭，外底青花双圈内花押款，画一树叶纹。《三国演义》是明初罗贯中撰写的文学巨著，它是我国第一部依据历史编纂而成的小说，描写了魏、蜀、吴三国鼎立时期错综复杂的政治与军事斗争。塑造了众多杰出的政治家、军事家和外交家的形象。凤仪亭取自《三国演义》第八回"王司徒巧使连环计，董太师大闹凤仪亭"。司徒王允利用貂蝉施"连环计"，离间董卓与吕布，使二人相恶。图中所绘吕布与貂蝉幽会于凤仪亭，貂蝉惺惺作态，偎倚之时，董卓匆匆赶到，"冲天怒气高千丈"之情景，正是"司徒妙算托红裙，不用干戈不用兵。三战虎牢徒费力，凯歌却奏凤仪亭"，人物刻画生动，展现出康熙民窑五彩瓷的艺术风韵。

图7-6　清康熙五彩三国凤仪亭图盘

　　康熙五彩最突出的成就是突破了明代单纯釉下青花和釉上彩绘相结合的青花五彩占主导地位的局面，发明了釉上蓝彩和墨彩，增添了纹饰的美感和艺术效果，也使五彩器物更显富丽堂皇，雍容华贵。康熙五彩的绘制，精致工丽，生动传神，一改明代嘉靖、万历时期只重色彩而粗率的画风。官窑器以规矩的绘制和细腻的笔法而著称，而民窑器以釉彩浓重艳丽、画意清新活泼而独具艺术魅力。

3 清雅别致——雍正时期的粉彩和仿古釉瓷

　　粉彩是清代彩瓷品种之一，始创于康熙年间，雍正、乾隆朝盛行，它以柔和细腻见长，有别于五彩的强烈色彩，称为"软彩"。彩料中由于掺入铅粉，绘制时用分水法冲淡其色调，具有粉润秀雅的艺术风格，它善于表现形象的质感，对花叶蓓蕾、翎毛花卉的描绘十分工细，并使图案有阴阳向背的效果。陈浏《陶雅》记有："粉彩以雍正朝为最美，前无古人，后无来者，鲜妍夺目，工致殊常。""康、雍彩画瓶件以花鸟或野兽为最上"。雍正粉彩由玻璃白在彩绘画面打底，用传统绘画中的没骨画法渲染，突出了阴阳浓淡的立体感，色彩丰富，以娇艳柔丽名重一时。

　　清代雍正时期，粉彩器已成为彩瓷的主流产品，其造型多样，装饰纹样丰富，绘制精堪。雍正粉彩装饰图案常见山水、人物、花草、虫蝶纹等。施彩柔丽，构图疏雅简洁，纹饰具有纤细的柔态，用笔工细，画风深受恽南田

没骨法的影响，达到了"花有露珠，蝶有茸毛"的程度。许之衡《饮流斋说瓷》记有："雍正花卉纯属恽派，没骨之妙可以上拟徐熙，草虫尤奕奕有神，几误蝇欲拂……。"陈浏撰《陶雅》有"雍正官窑大小盘、碗白胜霜雪，既轻且坚，上画彩花数朵，每一朵横斜萦拂，袅娜多姿，笔法绝不板滞"的评价。

　　雍正粉彩杏林春燕纹瓶（图7-7），粉彩绘杏林春燕图。外底青花双圈内书"大清雍正年制"六字双行楷书款。杏林春燕图所绘迎风的翠竹，横斜的杏枝，怒放的杏花，双燕栖息于花枝间，一只叨食，一只回首翘望，神态逼真，构成了一幅大地回春、春色满园、生机盎然的画面。杏

花形似梅花、桃花，花开春季，承落梅而吐英。中国古代每年考进士时，正值三月杏花开放，当时诗人把杏花称为"及第花"。燕古代称为玄鸟，有吉祥鸟之称，据说"瑶光星散开而成为燕"，燕为灵物。燕形象俊俏，飞舞轻盈，尾剪春风，与人友善，为世人所喜爱，成为象征春光的吉祥物。杏花与飞燕组成图案，即寓意科举顺利，及第有望，称为"杏林春燕"。此器画法清丽隽雅，敷彩新嫩，画意生动，动感强烈，意境娴适恬静。

雍正粉彩过枝桃纹盘（图7-8），粉彩装饰，盘内外壁绘桃蝠纹，一棵雄健的桃树枝繁叶茂，盘根错节，由盘外壁弯曲至盘内，粉花绿叶，八枚嫣红熟透的硕桃悬挂枝头，五只红蝠展翅飞舞。外底青花双圈内书"大清雍正年制"六字二行楷书款。"过枝花"是瓷器纹饰的一种特殊构图方式，这种内、外壁或器身与器盖的纹饰相连，浑然一体，似花枝越过墙头，故称为"过墙龙"或"过墙花"，装饰技法新颖别致，有独特艺术风韵。许之衡《饮流斋说瓷》记过枝花画法为"成化开其先"，但传世器未见成化时期的器物，目前传世品以康熙朝斗彩"御赐纯一堂"款凤竹纹碗为最早。清代雍正、乾隆时期

图7-8　清雍正粉彩过枝桃纹盘

较为流行，有过枝花卉、花果及龙纹等。道光、光绪时期过枝葡萄、懒瓜纹最为常见。此盘釉彩浓淡相宜，构图疏密有致，纹饰画意生动，寓意吉祥，八个硕桃取"八仙祝寿"之意，"蝠"与"福"谐音，五只蝙蝠装饰，寓意"五福临门"、"五蝠捧寿"之意。雍正时期常绘八桃纹，乾隆时期常绘九桃，故有"雍八乾九"之说，雍正装饰八桃纹器物，有盘、碗、橄榄瓶、天球瓶等品种。此类福寿纹器应是万寿节的用品。

雍正瓷器以精细典雅的艺术风格而著称，特别是颜色釉瓷的烧造品种繁多，制作精湛。其造型和装饰工艺在仿古方面达到了高峰，体现出雍正时期高超的制瓷技艺，尤以仿烧宋代五大名窑的色釉达到了"仿古暗合，与真无二"的程度。仿宋汝窑天青釉是雍正颜色釉的一种。陈浏《陶雅》有"天青一种以康、雍官窑为最美，所谓卵色天者也"的赞誉。雍正仿汝釉牺耳尊（图7-9），器为仿先秦铜壶的形制，颈饰对称双牺耳，腹部饰凸起格形纹带。通体施天青色釉，釉面密布细碎开片，外底青花书"大清雍正年制"六字三行篆书款。汝窑是宋代五大名窑之一，汝窑在北宋后期元祐至崇宁二十多年间，为宫廷烧制，由于时间短，制品较少，故汝窑器珍贵而稀有，据统计传世品总计不到百件。在宋代青瓷中，汝窑被推为首位，有"汝窑为魁"之说。汝窑器清淡含蓄的艺术风格为后世所推崇，明清时期景德镇窑开始仿制汝窑器，宣德时期有碗、盘、杯等制品，清代雍正、乾隆时期仿汝器质量高于宣德，其制作精致，有的仿品已达到乱真的程度，修胎规整，胎灰泛褐，似宋器的"香灰胎"，唐英《陶成纪事碑》称为"仿铜骨鱼子纹汝釉"。宋代汝器多小件，雍正仿汝其造型多为瓶、罐、尊等大件器，器底常铭有青花书"大清雍正年制"篆书款。宋汝釉面厚润无光泽，有失透感，清雍正仿汝釉面玻璃质强，光亮莹润。此尊形体高大，古朴凝重，汝釉淡雅清丽，为清代雍正仿汝窑的精品。

图7-9　清雍正仿汝釉牺耳尊

4 登峰造极——乾隆瓷器

　　乾隆时期国力强盛，社会安定，瓷器的生产达到了历史的顶峰，烧造品种之丰富，种类之多样，装饰之华丽，令人赞叹。其青花瓷的生产，粉彩、斗彩、珐琅彩等彩瓷的烧造，都更加精益求精。在仿古瓷方面，大量仿烧前朝名窑，官窑仿宋哥、官、钧、汝、定等诸多名窑，无论在造型、釉质还是纹饰上，均达到了较高的水平。清蓝浦《景德镇陶录》称："仿肖古名窑诸器无不媲美，仿各种名釉无不巧合。"也盛行仿烧各种手工艺品，朱琰《陶说》记有："戗金、镂银、琢石、髹漆、螺钿、竹木、匏蠡诸作，无不以陶为之，仿效而肖。"其工艺精湛，巧夺天工，许之衡《饮流斋说瓷》中称"骤视绝不类瓷，细辨始知皆釉汁变化神奇之至也"。仿石釉用色泽相似于各色石质的彩釉，勾画出石头的纹理，色泽摹仿逼真，有仿大理石釉、虎皮石釉、卵石釉、松石釉等品种。乾隆仿石釉器造型有瓶、笔筒、香炉、扳指、印章等。象生瓷是指仿人物、动物、植物形象的瓷器，乾隆时期烧造十分兴盛，陈浏《陶雅》称："像生器皿，色目非一，人物鸟兽，指不胜屈。"如乾隆松石绿釉雕凤凰牡丹纹梅瓶（图7-10），器身雕刻花纹，有凤凰牡丹、如意纹和莲瓣纹等，通体罩以松石绿釉。外底阴刻"大清乾隆年制"六字三行篆书款。松石绿釉是雍正时期御窑厂创烧的色釉品种之一，乾隆时期十分流行。因其釉色青绿，似绿松石的色泽而得名，是仿石釉的一种，它以金属铜为着色剂，二次烧成的低温釉。邵蛰民撰《增补古今瓷器源流考》中评

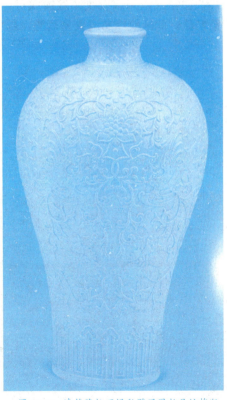

图7-10　清乾隆松石绿釉雕凤凰牡丹纹梅瓶

论有："清瓷彩色至乾隆而极，其彩釉之仿他物者亦以乾隆为最多最精。如仿绿松石、花岗石及象牙、珊瑚者，亦足与真物相抗衡。"乾隆松石绿釉器多为小件文玩和装饰品，大件少见。梅瓶为乾隆时期的典型器物，形体秀美，雕刻精致，纹饰立体感强，线条流畅，为乾隆色釉瓷中的精品。

斗彩是明清时期重要的彩瓷品种，雍正时期斗彩器继承明代成化"斗彩"工艺，既模仿又创新，造型和纹饰比成化器更为丰富，色彩更加艳丽。雍正除小件器物外，还有瓶、尊等大器。雍正斗彩器一改明代以来釉上五彩与釉下青花相结合的工艺，将当时盛行的釉上粉彩代替釉上五彩，使斗彩瓷更加娇艳多姿，其绘制填色准确，所填彩料很少出纹饰轮廓线之外，其工艺之精湛令人称绝。器造型精巧玲珑，纹饰自然清晰，线条流畅，施彩丰富，色调清丽淡雅。清代乾隆斗彩器以制作工艺精致、色彩鲜丽、纹饰更趋图案化为特征。团花是乾隆瓷器流行装饰纹样之一，许之衡《饮流斋说瓷》记有："至乾隆以后喜作团彩，稍久风致矣，然于华丽之中别饶葱茜之致，足为清供雅品，弥可宝贵也。"例如乾隆斗彩团花纹缸（图7-11），斗彩装饰，绘折枝花卉、团花纹、如意云纹和莲瓣纹等，外底青花书"大清乾隆年制"六字三行篆书款。此缸纹饰布局繁密规整，绘制严谨，为乾隆斗彩的典型器。

图7-11　清乾隆斗彩团花纹缸

　　珐琅彩是康熙时期创烧的名贵彩瓷品种之一，康熙三十五年（1696年）始制，其制作先在景德镇烧制坯胎，运送至京，由宫内如意馆挂彩烧造，将铜胎画珐琅彩料画置于瓷胎上，清宫称为"瓷胎画珐琅"，又因"颜料亦用西来之品"，称为"洋彩"，彩料有透明的玻璃质感，又被称为"料彩"。其绘制技巧、彩料配制、烧造温度等不易掌握，烧成十分不易，制作的数量有限，故珐琅彩瓷十分珍贵，专为宫廷皇帝、妃嫔玩赏和宗教、祭祀的供品之用。

　　康熙珐琅彩瓷多仿铜胎画珐琅器皿，多以红、黄、蓝、紫、绿、胭脂红等彩色作地，上绘纹饰有牡丹、菊花、团花、莲花、"寿"字、"万寿无疆"等，画工细腻工整，具有图案化的装饰效果。陈浏《陶雅》记有珐琅彩"阴阳向背，偏反称艳，生香活色，纯合乎西法，亦殊非后世所能几及……"。造型多为小件器物，有杯、碗、盘、碟、盒、壶等，瓶类较少。例如康熙黄地珐琅彩牡丹纹碗（图7-12），外壁以黄釉为地，珐琅彩绘缠枝牡丹纹，四朵富丽的牡丹花俯仰盛开，色彩绚丽，其间点缀数朵各色小花。花朵硕大饱满，枝蔓缠绕，寓有"年年富贵"吉祥之意。内壁施白釉，外底蓝料彩绘双方栏内书"康熙御制"四字双行款。该器以康熙铜胎画珐琅缠枝牡丹纹碗为模本，装饰技法受清初恽南田、蒋廷锡等宫廷画家影响，采用没骨画法绘制，牡丹花卉俯仰有致，极尽妍丽，展现出宫廷画匠娴熟的绘画技艺，立体感强，彩料瑰丽纯正，在康熙珐琅彩瓷中属凤毛麟角之品。康熙珐琅彩瓷非常名贵，

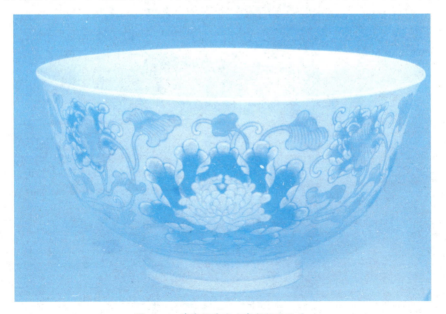

图7-12　清康熙黄地珐琅彩牡丹纹碗

后世争相仿制。民国仿品以胎质疏松，彩料不精细，绘制呆板生硬，款识书写无力为特征。

清代珐琅彩瓷器是专供皇帝和后妃们观赏的用品，密藏于宫宛，乾隆皇帝曾说过"庶民弗得一窥也"，也不准赏赐王公大臣。乾隆时期珐琅彩是在彩地上用各种色彩绘制各式各样的织锦纹、轧道纹等，称为"锦灰堆"，再在其上绘珐琅彩纹饰。珐琅彩瓷虽始于清代康熙时期，至乾隆时期制作更为精致。乾隆时期，由于中欧贸易与文化的交流，珐琅彩瓷的绘制受西洋绘画等艺术影响较大，纹饰与施彩技法等方面具有西洋风格，展现出"西学东渐"之风兴盛。例如乾隆珐琅彩缠枝花卉纹蒜头瓶（图7-13），蒜头形口，长颈、硕腹、圈足。通体以凤尾纹为地，以珐琅彩加金彩绘各式缠枝花卉，有红、黄、蓝、白等色，色彩斑斓绚丽。外底施松石绿釉，蓝料绘双方框内书"乾隆年制"四字篆书款。此器原为清宫旧藏，为乾隆珐琅彩瓷的上乘佳品。

图 7-13　清乾隆珐琅彩缠枝花卉纹蒜头瓶

乾隆珐琅彩粉彩镂空夔龙纹转心瓶（图7-14），外壁色地绘珐琅彩纹饰，颈部红地绘番莲、八宝纹，腹部四开光内镂雕双夔龙纹，开光外绘番莲纹，胫部红地夔龙纹，内胆绘云纹。外底施松石绿釉，上以红彩书"大清乾隆年制"六字三行篆书款。转心瓶是清代乾隆时期的杰作，瓶体由外瓶、内瓶、底座分别烧造组成。外瓶套于内瓶外，内瓶与底座有轴碗相连，外瓶多装饰镂雕花纹，内瓶转动时，透过外瓶镂空可以看到内瓶的通景纹饰，它是根据陶车旋转原理而制，邵蛰民撰《增补古今瓷器源流考》评价有："其制作之巧妙，彩色之艳丽，可谓前无古人，后无来者。"乾隆时期的景德镇瓷业生产达到了鼎盛，御窑厂为迎合皇室标新立异的追求，器型屡有新创，奇巧之物，层出不穷。转心瓶为乾隆时期的佼佼者，许之衡《饮流斋说瓷》中称转心瓶为"乃内府珍赏殊品也"。

图7-14　清乾隆珐琅彩粉彩镂空夔龙纹转心瓶

5 唐英及唐窑瓷器

　　清代由于康熙、雍正、乾隆皇帝本人对瓷器的热爱和关注，采取督陶官制度，使制瓷技术不断提高，创新品种不断增加，促进了清代制瓷业的繁荣和发展。康熙时期的"藏窑"、"郎窑"，雍正时期的"熊窑"、"年窑"，乾隆时期的"唐窑"均代表了康雍乾时期的制瓷水平。

　　唐英（图7-15）是清代雍正、乾隆时期著名的督陶官，监督景德镇窑务28年，由他主持烧制的瓷器无不精美，深受两朝皇帝的赏识。"曾与工匠同食息者三年"，致力制瓷工艺的研究，仿古创新，取得巨大成就，在中国陶瓷发展史上占有重要地位。流传至今的雍正、乾隆时期大量精美的官窑瓷器，无不凝结着督陶官唐英辛勤的汗水，我们对他充满了敬仰之情。唐英所督造的瓷器亦称为"唐窑"，《清史稿·唐英传》载："英所造者，世称唐窑"。唐英还撰写有《陶成纪事碑》、《陶冶图说》等陶瓷工艺著作。"唐窑是中国陶瓷史上一段永不落幕的传奇"。

　　唐英（1682—1756年），字俊公，字号还有俊公氏、隽公、蜗寄、蜗寄老人、陶成居士、叔子、沐斋居士、陶人、榷陶使者等。关东沈阳人，隶汉军正白旗。清代制瓷家、书法家、画家、篆刻家、剧作家，可谓多才多艺。

　　唐英出生于康熙二十一年（1682年），16岁开始在内廷养心殿服役，供役养心殿20多年。雍正元年（1723年），43岁时被提拔为造办处员外郎，"仰蒙高厚殊恩，拔置郎署。"雍正六年（1728年）奉使景德镇御窑厂，佐理窑务，充驻场协理官，47岁"奉使江西监视陶务"。乾隆元年（1736年）奉命停止窑工出使淮安关，二年（1737年）又奉命复办陶务，以淮安关使并兼领陶务。乾隆八年（1743

图 7-15　唐英塑像

年），唐英奉乾隆皇帝的旨意编纂了《陶冶图说》，并亲自撰写了《陶成纪事碑》等工艺巨著。乾隆十五年（1750年）二月，唐英再次调离景德镇，任职广东海关，第二年十二月，又复调任原职，乾隆十七年（1752年）三月重回九江，再理陶务。三月二十五日重回景德镇，在回景德镇的路上，唐英触景生情，写道："抵镇之日渡昌江，阖镇市民工贾群迓于两岸，靡不咨嗟指点，叹余之龙钟老惫者，且欢腾鼓舞颇有故旧远归之意，余不尽慨然，口占有言聊志情事；重来古镇匪夷想，粤海浑如觉梦乡。山面水心无改换，人情物态有存亡。依然商贾千方集，仍见陶烟五色长，童叟道旁争相识，须眉虽老未颓唐。"展现出时已71岁的唐英对履行督陶使命充满信心。

在唐英重掌陶政的最后五年，唐英又圆满完成了各项瓷器的烧造任务，乾隆皇帝对唐英十分满意，于乾隆二十一年（1756年在圆明园召见了为瓷器耗尽毕生精力和心血的唐英，赏给奉宸苑卿衔以示奖励，并破例允许唐英教导其子保寅学习瓷务。由于唐英长时间受窑火烟尘的薰害，晚年染上喉疾，时好时坏，久治无效，已无法继续坚持工作。唐英于乾隆二十一年（1756年）七月请辞，八月卸任，不久离开人世，享年75岁。

唐英是景德镇御窑厂历史上督陶时间最长、成绩最卓著的制瓷家，先后榷陶长达28年之久，以"陶人"自居，日夜殚精竭虑，致力于瓷业，"陶之业，陶之人，以陶中所有之事，"以窑务相伴始终。唐英善于学习，"惟辱命误公之是俱"的强烈责任心，使唐英一到景德镇就"谢交游，聚精会神，苦心竭力与工匠同食息者三年"。三年时间，唐英对瓷器的烧造，从无知变为熟悉，直到精通。唐英曾经自豪地说："英虽不敢谓陶之微奥确信深知，然既习且久，其于制造之器皿条目、款釉尺寸、工匠钱粮、暨夫赏勤劝惰之大略，不无一得之愚。"唐英不仅向本地陶工学习，而且汲取其他地方古代名窑之精华。雍正皇帝非常喜爱宋钧器，多次谕旨御窑厂按原器仿烧。雍正七年，唐英为烧造仿宋代钧窑瓷器，曾委派吴尧圃去河南均州调查钧窑的釉料配方，正是"玫瑰翡翠倘流传，搜物探书寻故老"。经多次试制，成功地烧造出几可乱真的仿宋钧釉。雍正仿钧器型一类以宋钧器为模本，制作工艺精湛，足以乱真；如雍正仿钧釉匜式尊（图7-16），另一类多为雍正时期的典型器，有螭耳尊、雍正仿钧釉菊瓣式壶（图7-17）、花浇、石榴尊等品种。均仿效得非常成功。

唐窑仿古采今，备诸巧妙，所出瓷器皆为"泥形土质都成金石之声，锦地花纹并带云霞之色"。制瓷技艺非常精湛。诸多历史文献记录了唐窑卓越成就。清人蓝浦《景德镇陶录》称赞其："……公深谙土脉、火性、慎选诸料，所造具精莹纯全。又仿肖古名窑诸器，无不媲美；仿各种名釉，无不巧合；

图 7-16　清雍正仿钧釉匝式尊

图 7-17　清雍正仿钧釉菊瓣式壶

萃公呈能，无不盛备；又新制洋紫、珐青、抹银、彩水墨、洋鸟金、珐琅画法、洋彩鸟金、天蓝、窑变等釉色。器皿则白壤，而填体厚薄惟腻，厂窑至此，集大成矣。"《清史稿·唐英传》、《浮梁县志》等文献也曾记载当时"唐窑"仿古器物，包括自宋大观以来，历代诸官窑、哥窑、定窑、钧窑、龙泉窑、宜兴窑，甚至西洋、东洋诸器，且仿古彩今各类釉色达57种之多。"自宋大观，明永乐、宣德、成化、嘉靖、万历诸官窑，及哥窑、定窑、钧窑、龙泉窑、宜兴窑、西洋、东洋诸器，皆有仿制。其釉色，有白粉青、大绿、米色、玫瑰紫、海棠红、茄花紫、梅子青、骡肝、马肺、天蓝、霁红、霁青、鳝鱼黄、蛇皮褛、油绿、欧红、欧蓝、月白、翡翠、乌金、紫金诸种。又有浇黄、浇紫、浇绿、填白、描金、青花、水墨、五彩、锥花、拱花、抹金、抹银诸名。"民国许之衡《饮流斋说瓷》称赞唐英时期的制瓷工艺"几乎鬼斧神工"。梁同书在《古铜瓷器考》中也称赞曰："……兹陶之一事，谓之泄造化之秘也可，谓之佐文明之端也可，有陶以来，未有今日之美备。"雍正茶叶末釉贯耳壶（图7-18），颈两侧置对称贯耳。口下至肩转折处呈委角状，腹部饰桃状凸起。通体施茶叶末釉，外底阴刻"大清雍正年制"六字三行篆书款。茶叶末釉是铁结晶釉的重要品种之一，它是铁、镁与硅酸化合而产生的结晶，釉黄绿色相掺杂，似茶叶细末之色故名。茶叶末釉烧制始见于唐代，宋代、明代也有烧制，以清代雍正、乾隆制品最好。陈浏《陶雅》记："茶叶末一种，本合黄、黑、绿三色而成……雍正官窑则偏于黄矣，而尤以绿色独多者，最为希罕，盖乾隆窑也。嘉道以后取人憎厌，亦莫名其所以然。大抵色暗败而板滞，釉汁不润，质又颇粗，……"。雍正时期的茶叶末釉，釉色偏黄，俗称"鳝鱼皮"、"鳝鱼黄"。而乾隆时期的釉色偏绿，俗称"蟹壳青"、"茶叶末釉"。此器始见于雍正朝，以后各朝有烧制，品种繁多，釉彩各异，成为清代瓷器的典型器。陈浏《陶雅》记有"雍正官窑款茶叶末大扁瓶有凸纹甚巨，系仿汉铜者，式既修饰，色尤殊艳"。

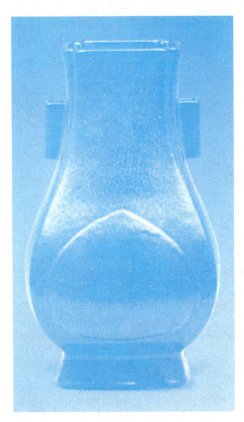

图7-18 清雍正茶叶末釉贯耳壶

唐英在近三十年的榷陶生涯中，仿古创新，致力于瓷器工艺的创造与研究。乾隆八年（1743年），唐英奉乾隆皇帝意旨编纂了《陶冶图说》。由宫廷画家周鲲、丁观鹏等三人画《陶冶图》20张，并对制瓷工艺描写详尽，程序清楚，用词准确，文采飞扬，图文并茂，详尽地展示了制作瓷器的全部工序，被后人称为"集厂窑之大成"。图文依次为：采石制泥，淘炼泥土，炼灰配釉，制造匣钵，圆器修模，圆器拉坯，琢器做坯，采取青料，炼选青料，印坯乳料，圆器青花，制画琢器，蘸釉吹釉，镟坯挖足，成坯入窑，烧坯开窑，圆琢洋彩，明炉暗炉，束草装桶，祀神酬原。《陶冶图说》为我们描绘出一幅幅生动而精美的制瓷画卷，在中国陶瓷发展史上占有重要地位。

有唐英名款的乾隆青花缠枝莲纹花觚（图7-19），通体绘青花纹饰，有缠枝莲、卷草、蕉叶纹、莲瓣纹、如意云头和回纹等，腹部桃形开光内楷书"养心殿总监造，饮差督理江南淮、宿、海三关，兼管江西九江关税务，内务府员外郎仍管佐领加五级，沈阳唐英敬制，献东坝天仙圣母案前永远供奉，乾隆六年春月谷旦"。据铭文而知，此花觚为唐英在乾隆六年，即公元1741年，监烧敬献佛殿案前的五供之一。此器有绝对纪年铭款，是乾隆早期的标准器，为"唐窑"青花瓷中的珍品。此花觚为五供中的一件，清代五供组合一般为2瓶2烛台1香炉。英国维多利亚与艾伯特博物馆藏有一对乾隆六年青花缠枝莲花纹烛台，与此花觚是同年烧制，但通过花纹比对，这一对烛台与此花觚并非一套，说明唐英在乾隆六年烧制了多套五供瓷器。这对烛是唐英为北京东坝的天仙圣母庙敬造的供器。东坝位于北京东北部，是当年前往丫髻山朝供的必经之地，这里有一座建于1696年的庙宇，供奉天仙圣母。这一对烛台原拥有者斯蒂芬·布舍尔（Stephen bushell，1844—1908年）是清朝末年英国驻华使馆医师。

图7-19 清乾隆唐英名款青花缠枝莲纹花觚

6 晚清瓷业的衰落和慈禧太后专用瓷

　　清代制瓷业在嘉庆时期已呈下滑和萎缩的趋势，由盛世的高峰渐趋衰落。烧造品种、器物形制、装饰纹样多承袭乾隆，少见创新之作。纹饰也多采用传统寓意吉庆的图案，绘制技法工笔多于写意。由于经费缩减，长期的战争，咸丰、同治时期的景德镇制瓷业更趋衰落。据文献记载，这一时期官营瓷窑数量由道光时期的270余座下降为60座。

　　嘉庆瓷器多沿袭乾隆时期的旧制。如嘉庆绿地粉彩开光红彩诗句纹茶壶（图7-20），腹部两侧描金海棠形开光内，红彩楷书吟烹茶五律一首："佳茗头纲贡，浇诗必月团。竹炉添活火，石铫沸惊湍。鱼蟹眼徐扬，旗枪影细攒。一瓯清与足，春盎避轻寒。嘉庆丁巳小春月之中澣御制。"下钤有圆形"嘉"、方形"庆"印记。嘉庆丁巳年为嘉庆二年（1797年）。开光外绿地粉

图7-20　清嘉庆绿地粉彩开光红彩诗句纹茶壶

彩绘折枝花卉纹和莲瓣纹等。外底施松石绿釉，中心留白处红彩书"大清嘉庆年制"六字三行篆书款。此壶其造型、施彩、纹饰等仍有乾隆器的遗风，造型隽秀，纹饰繁密，纯净莹润的绿釉色地与色彩雅致的粉彩花纹相配，为嘉庆粉彩器的上乘之作，同时也是嘉庆时期的典型器物，有青花、红彩和粉彩品种。

道光官窑瓷器书款有两种，一为"大清道光年制"六字篆书款，一为"慎德堂制"款，制作皆精，堪称道光器中的上品。陈浏《陶雅》记："慎德堂系道光官窑，而价侔雍乾之高品，亦一时风尚使然。……慎德堂制楷书款识，以侧锋书写，字体秀丽。……笔法工稳，以抹红为最多，亦有泥金者"。

慎德堂坐落于圆明园内，修建于道光十年（1830年），次年落成，为道光皇帝夏季避暑、处理政务之所，晚年主要生活在此。道光三十年（1850），道光皇帝驾崩于"慎德堂"内。道光十一年（1831），道光帝曾作《慎德堂记》，将节俭、修身、图治联系起来，阐述了节俭、修身、图治的关系，表达了他的治政方针。道光皇帝御用玺印有"慎德堂宝"，常钤于书画之上。"慎德堂制"款的瓷器为御用品，制作工艺精细，陈浏《陶雅》记有："慎德堂为道光窑中天上上品，足以媲美雍正，质地之白，彩画之精，正在伯仲间。"如道光粉彩仕女婴戏图云耳瓶（图7-21），通景粉彩绘仕女婴戏图。苍松芭蕉树旁，一组为仕女乐舞图，一仕女甩袖起舞，旁有仕女吹长笛、笙等乐器，载歌载舞，姿态各异。另一组为玩童放筝图，一仕女领四童放飞鱼形风筝。仕女面容清秀、身材柔美、婀娜多姿。稚气十足、天真烂漫的孩童被刻画得淋漓尽致，有入画临境之感，使人有"疑似梦境回童年"的美好回忆。器外底红彩书"慎德堂制"四字二行楷书款。

咸丰时期虽处于清代晚期，制瓷技艺处在咸同中兴期，陈浏《陶雅》评价咸丰窑时有："虽未能免俗，亦殊为精致，多系思候家故

图7-21　清道光粉彩仕女婴戏图云耳瓶

物"。从咸丰朝开始，官窑瓷器再次兴起以楷书写款为主的风气，改变了自乾隆朝以来以篆书年款为主的局面。咸丰款识端庄秀丽，刚劲有力。咸丰红彩金鱼纹长方形花盆（图7-22），盆作长方形，案几式足。器内及外底施松石绿釉，宽沿处黄地粉彩绘花卉纹。器外壁施白釉，以刻画水波纹为地，矾红绘金鱼纹。外底阴刻"大清咸丰年制"六字双行楷书款。字体以侧锋运笔，工整清秀。"鱼"与"玉"同音，金彩描绘鱼纹寓有"金玉满堂"之意，祈福多财多富贵。白地红彩，施彩艳丽夺目，金鱼描绘生动，活泼自然，此器为清代咸丰官窑的精细之作。

图 7-22　清咸丰红彩金鱼纹长方形花盆

　　光绪朝处于清代末期，御窑厂烧瓷多承袭前朝器物，邵蛰民撰《增补古今瓷器源流考》记有："光绪瓷虽较美，然只能追步道光，以器式言，亦无特出之品。"宣统朝只有三年，其间瓷器生产较少，造型和纹饰多以前朝为本，无创新之作。造型有碗、盘、碟、赏瓶、玉壶春瓶等，品种有青花、粉彩、斗彩、色釉瓷等。

　　据清宫档案记载，东西六宫是后妃们居所，储秀宫是西六宫之一，乾隆二年孝贤皇后始居储秀宫……咸丰六年懿嫔（即西太后）居储透宫，生有皇子（即同治帝），同治大婚礼成，皇后居储秀宫，光绪十年，西太后居储秀宫。故铭储秀宫款识的瓷器应为慈禧而烧制。储秀宫款瓷器以盘、瓶等多见，装饰纹饰多为花卉、龙凤、万寿无疆等图案，时代风格鲜明。光绪黄地墨彩花蝶纹罐（图7-23），外壁黄地墨彩绘牡丹纹，牡丹绽放，枝繁叶茂，彩蝶飞舞，器肩部横书"大雅斋"楷书款和"天地一家春"篆书图章款，外底红彩书"永庆长春"四字二行楷书款。"天地一家春"为圆明园内一处建筑名称，曾为慈禧居所，这一款识是光绪朝慈禧专用器物款。大雅斋是清代景德镇官窑瓷器的堂名款，见于光绪时期慈禧御用器，常铭有"永庆升平"、"天地一家春"、"永庆长春"等款识。许之衡《饮流斋说瓷》记有："'大雅斋'者，清代孝钦后所制品也，以豆青地黑线双钩花者为最多，五彩者亦有之。所绘多牡丹、萱花、绣球之属。"

图7-23 清光绪黄地墨彩花蝶纹罐

"体和殿"为清宫殿名，曾为慈禧太后居储秀宫时的用膳之处。"体和殿制"款瓷是同治朝慈禧太后的专用器物。据清宫档案记载，同治时期烧造了大批署"体和殿制"款的瓷器，其造型丰富，品种多样，除青花器外，尚有色地粉彩、墨彩等瓷。同治青花折枝花果纹盖盒（图7-24），器呈扁圆形，盖面拱起，盖体与盒盖有子母口相套。器绘青花纹饰，有桃、水仙等折枝花果纹，盖面中心绘团龙纹。外底青花书"体和殿制"四字二行篆书款。此盒造型规整，青花色泽鲜丽明快，纹饰描绘细腻生动，款识书写严谨工整，为同治瓷器的代表作。

图 7-24 同治青花折枝花果纹盖盒

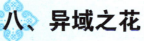

八、异域之花
——明清外销瓷

　　明清外销瓷，是中国瓷器的"异域之花"，产自国内，留名海外，遍藏西方各大博物馆，颇具时代色彩和中西文化交流的特征。18 世纪，外销瓷风靡欧洲，成为中国文化和艺术西进的重要媒介。中国瓷器细润雅致的质地、充满意蕴的造型和纤细入微的装饰，给"巴洛克"统治下的欧洲艺术界带来了清新的空气，对洛可可艺术风格的形成产生了深远影响。

　　明清两代是中国外销瓷发展的黄金时期。从永乐三年（1405 年）开始，郑和的船队七下西洋，推进了明朝政府的朝贡贸易，大量青花瓷器销往亚非国家，瓷器外销达到一个高潮。明代中后期，西班牙人和葡萄牙人称霸海洋，瓜分了地球资源掠夺区域，作为葡萄牙利益区的远东地区，最先迎来了葡萄牙商船的到来。早期来华的葡萄牙人采用暴力手段进行殖民掠夺，不可避免地与明朝政府发生了军事冲突。明嘉靖三十二年（1553 年）葡萄牙商人占居澳门以后，来华贸易的商船大量增加。葡萄牙首都里斯本很快代替了意大利的威尼斯成为欧洲销售东方古董和工艺品的中心，为了更适合在欧洲销售，葡萄牙商人定制一些满足欧洲人生活和艺术风格的瓷器。葡萄牙人贩运中国瓷器获得巨大利润，刺激了欧洲各国与中国逐步展开直接的瓷器贸易。康熙二十四年（1685 年），中国允许外国贸易公司在广州建立商行，中国瓷器开始大量进入欧洲。"康熙三十九年（1700年），著名法国商舶'安菲托里特'号经过一年多的长途航行后到达广州，然后装满了江西景德镇瓷器等货物运回欧洲，成为中外文化交流史上的大事"，"英国殖民者在 18 世纪初，估计把 2500 万到 3000 万件瓷器运到欧洲，并在 18 世纪 30 年代后，占据中国贸易的首位"[1]。此后，中国和欧洲开始进行商品需求的对话。从单纯输入中国瓷器，到根据欧洲人的喜好定制瓷器，再到欧洲人模仿、自制中国风格的瓷器，中国外销瓷走过了一个由盛到衰的过程；而明后期和清前期，是中国外销瓷发展的鼎盛时期，也是"中国风"在欧洲最受追捧的时期。

---

1 朱培初编著：《明清陶瓷和世界文化的交流》，轻工业出版社，1984 年，198 页。

1 大航海时代的东印度公司

　　葡萄牙人贩运中国瓷器获得巨大利润，刺激了欧洲其他国家与中国逐步展开直接的瓷器贸易。英国、荷兰、法国、瑞典等国先后成立东印度公司开展对华贸易。东印度公司是欧洲从事海上贸易的商业公司，是中国瓷器输出的主要渠道。往返于中国和欧洲间的船只成为中西商品交流的桥梁，也为中西文化的交流打开了窗口。定制瓷器的任务是由商船的主管或船员来完成的，他们传递欧洲贵族的需求和时尚，验收中国瓷器产品的品质。由于中国只收取白银进行交易，欧洲商船需要在沿途出卖船上的货物换取白银来中国交易。

　　英国东印度公司1600年成立，起初与中国之间是间接贸易，日本是其中转站，1670年其取得了在台湾建立商馆的权利。1698年另一家英国东印度公司成立，1708年这两家东印度公司合并成立荣誉东印度公司，清嘉庆年间景德镇烧制的荣誉东印度公司纹章纹果篮及两只盘子（图8-1）内底中心装饰的纹饰就是该公司被授权的纹章。其后贸易活动趋于平稳，来华船只和贸易量增加。英国东印度公司在近一个世纪的贸易活动中，其贸易量占整个欧洲贸易量的大部分。

图8-1　清嘉庆景德镇烧制的荣誉东印度公司纹章纹果篮及盘

　　荷兰东印度公司1602年成立，1799年解散，荷兰语原文为Vereenigde Oostindische Compagnie，简称"VOC"。清雍正年间景德镇烧制的粉彩

"VOC"字母杯碟（图8-2）是该公司特别定制的成套瓷器中的一件。荷兰东印度公司的亚洲总部在今印度尼西亚的雅加达，在其从事贸易的近200年间，总共向海外派出1772艘船。在英国东印度公司成立之前，荷兰东印度公司和中国之间的瓷器贸易在欧洲占垄断地位。明万历三十年至清康熙二十一年

图8-2　清雍正景德镇烧制的粉彩"VOC"字母杯碟

（1602—1682年），通过荷兰商船贩运的中国瓷器达到1010万件。荷兰船员定制盘（图8-3）中心装饰的大帆船就是荷兰东印度公司一艘正在海上航行的商船，盘沿有文字记录："1756年，弗里堡号大副克里斯［蒂安］·斯古尼曼，驶离中国黄埔途中。"

瑞典东印度公司成立于1731年（雍正九年），1732年其商船首达广州，1731—1813年共进行过132次远东航行，运输瓷器约3000万件。瑞典商船定制的瓷杯（图8-4）上描绘了许多悬挂瑞典国旗的船只停靠在一个港湾，有文字记录："1784年12月8日至1785年4月21日古斯塔夫·阿道夫号停靠海南亚龙湾。"1784年4月29日，从哥德堡启航的古斯塔夫·阿道夫号商船在海上遇险，停靠在海南的港湾寻求补给，这件瓷器是为纪念此事而专门在广东定制的。

法国、奥地利、丹麦、西班牙等国在这种巨大利益的诱惑下也不甘示弱，纷纷成立东印度贸易公司。1664年，法属东印度公司成立；1722年，奥地利国王查理六世成立皇家东印度公司；西班牙与中国之间的贸易则主要以菲律

图 8-3　清乾隆荷兰船员定制盘

图 8-4　清乾隆瑞典商船定制的瓷杯

宾为交易点。

　　欧洲各国东印度公司给 17、18 世纪的中国不仅带来了繁荣的贸易，还带来了大批传教士，他们将西方的科技和艺术引入清朝宫廷；同时，中国的丝绸、瓷器、漆器、茶叶等物品输入欧洲，改变着西方人的生活习俗和审美情趣。

2 广州十三行

广州从宋代开始就已经是对外贸易的口岸了。乾隆二十二年（1757年）清政府封闭了浙江、福建的海关，广州成为中国唯一的对外贸易港口，但是外国人和船只不允许进入广州内城。

广州十三行是1757—1842年间清政府唯一特许的经营海外的贸易机构，集经营、管理、外交于一身。当时，全国各地的出口商品都云集十三行，从这里发售到世界各地；从世界各地进口的商品也从这里发售到全国。

十三行是清政府海禁和一口通商的产物，行商受命于官，包揽洋务，又称"官商"、"洋商"。行商不仅负责外商货物的报关和收税、政府命令的通传，还要负责约束和管理外商的起居。由于"华夷不得杂处"，所以必须有专供外商居住和堆放货物的场所。康熙二十四年（1685年），中国允许外国贸易公司在广州建立商行。康熙五十四年（1715年），英国东印度公司率先在广州租建商馆；接下来是法国（1728年）、荷兰（1729年）、丹麦（1731年）和瑞典（1732年）；后来西班牙、奥地利、美国、俄罗斯、瑞士等也相继建立商馆。位于珠江沿岸专供外商居停的建筑有十三座，后称"十三夷馆"或"十三行"，各商馆前立有租赁国的国旗。外商可以自行寻找行商进行贸易，并可以租一处以上夷馆，也可以混租。清代的行商与夷馆虽然有区别，但是在习惯上都称作十三行。十三行夷馆是外国商人租建并与中国贸易的转接站，其一层一般用作包装和存放货物。专为外商订单服务的广彩瓷器工场位于珠江南岸，外商和工场之间的交流和货物运输十分便利。清人叶詹岩《广州杂咏·十三行诗》云："十三行外水西头，粉壁犀帘鬼子楼。风荡彩旗飘五色，辨他日本与琉球。"描绘了当时所见的十三行场景。

大英博物馆收藏的清乾隆"十三行"场景图大碗（图8-5），其外腹部的装饰图案是记录广州清代十三行夷馆场景的历史画卷。画面中西洋风格建筑前的旗杆上悬挂荷兰、英格兰、瑞典、法国、奥地利、丹麦的国旗，中国商船停靠在港口，清人装扮的中国商人和身着礼服的欧洲商人在码头进行交易。与十三行有关的画作很多，一般是应西方人要求而绘制，也有欧洲画师创作的油画、水粉画等。例如大英图书馆收藏的中国画师1760—1770年间创作的《广州珠江全景》（图8-6）、香港艺术馆收藏的英国画家丹尼尔1805年的油画

图 8-5　清乾隆"十三行"场景图大碗

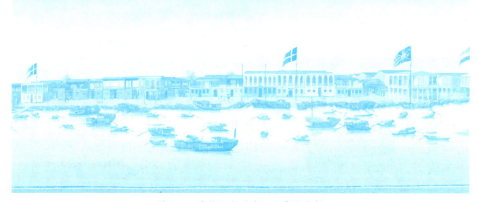

图 8-6　清乾隆广州珠江全景图局部

《广州商馆区风貌》等，对十三行的建筑和贸易场景都有细致的描绘。这件外国贸易商行场景大碗的烧制年代大约在 1780—1790 年，因此其蓝本应该是在这个年代之前的绘本。

　　1856 年 10 月，英法联军发动第二次鸦片战争。10 月 25 日广州珠江沿江炮台均被攻破，英海军上将西马率军进驻十三行地区。12 月 14 日深夜，痛恨侵略者的广州民众从被拆毁的铺屋残址上点火，火势迅即蔓延向十三行地区。15 日凌晨烧至美法商馆，下午 2 时延至英国商馆，到下午 5 时，十三行地区内，除一幢房子幸存外，全部化为灰烬，十三行洋行商馆区从此结束了它的历史。

3 外销瓷的样式

明清时期，大约有上亿件瓷器运往了欧洲。特别是明末清初，欧洲人都以拥有中国的瓷器为时尚。一时间，在欧洲的上流社会，中国瓷器甚至成了身份和地位的象征。在15—16世纪，由于中国瓷器精美和稀有，且又极为昂贵，贵族们只把重金得到的瓷器用于陈列，并没有在日常生活中使用。把瓷器作为室内陈设和装饰，还成为炫耀财富的手段，王公贵族盛行用陶瓷来美化建筑的内部空间，墙壁、天花板和窗前凹处都用瓷镶嵌，还往往借瓷器特有的光和镜子的反光相配合，在室内造成一种错综的光影效果。比如：法国国王路易十四就有专门陈设瓷器的中国厅；德国皇后更是把中国瓷器视为艺术品收藏于德累斯顿的瓷馆（图8-7）；西班牙皇宫当时收藏有中国瓷器3000余件。

图 8-7　德国德累斯顿博物馆瓷器馆

景德镇外销瓷的样式大致有三种：

中国传统器型

新航线开辟的早期，欧洲商人直接购买中国的日用瓷器，如各式瓶、壶、罐（图8-8）、尊、碗、盘、杯等，而且以陈设瓷为主。康熙时期的将军罐和瓠式瓶成为西方人喜爱的陈列器，后逐步形成三件将军罐和两件瓠式瓶的五件套固定组合，器型也演变成瘦长型，这种固定组合的五件套瓷器一般摆放在壁炉上。

中式器型改装器

一些中式造型的瓷器运到欧洲后，被加装金属配件改装成适合欧洲人饮食习惯的造型。最早出现在欧洲的中国瓷器物美价昂，它们经常与其他异域珍品一起被王室和贵族陈列在特制展柜或住所内。一些瓷器被加装银配件，一方面为了凸显其价值，另一方面为了适应欧洲人习惯的器型。例如这件英国维多利亚与艾伯特博物馆收藏的加装银支架杯（图8-9），杯身本是明嘉靖年间景德镇生产的内青花外红彩贴金碗，1583年被人从土耳其带到德国慕尼黑加装了鎏金银支架，成为欧洲流行的圣杯样式。

图8-8　清康熙青花将军罐　　　图8-9　明嘉靖德国加装鎏金银支架杯

　　英国维多利亚与艾伯特博物馆收藏的银托架执壶（图8-10），器身本是一件万历年间景德镇生产的青花军持，进入英国后，在1600—1610年间被安装了带盖银托架和兽首形银流，变成了一件实用的执壶。此类被改造的中国瓷器在欧洲十分常见，金属工艺与瓷器的完美结合，也是中国工艺与西方工艺的完美结合。

图8-10　明万历青花英式银托架执壶

欧式器型

　　17世纪末18世纪初，欧洲人发现使用的铁木餐具易生锈朽毁，不易清洗，而瓷器又漂亮又易清洗保存。贵族和富豪餐饮又极为奢华，讲排场，普通的一顿饭下来，就需要数百件瓷器，皇家竟达2000件以上。中国瓷器温润洁白，又轻又透，装饰艳丽，欧洲人开始向中国景德镇大批量定烧日用瓷，欧式的日常用器开始增多，如啤酒杯、双颈调味瓶（图8-11）、酒壶、冰酒器、咖啡壶、剃须盆、甜点台、大型汤盆、烛台、香水瓶等瓷器。中国工匠并不知道这些器物是干什么用的，只是照样制作。这些纯外销订货的产品在国内几乎不见。托比杯是一种啤酒杯，是英国最典型的陶瓷设计之一，造型为一个戴着三角帽，穿着燕尾服，拿着泥烟斗，端着酒沫外溢的单柄杯的坐姿饮酒者形象。尽管这样的杯子造型是淳朴的乡间饮酒者，但在伦敦小瓷器店有售，说明它也受到大都市市场的青睐。这件白瓷托比杯（图8-12）是清代中国德化窑烧制的。到中国定制如此地方特色造型的瓷器，说明市场需求量是有利可图的。

图8-11 清康熙景德镇烧制的青花双颈调味瓶　　　图8-12 清德化窑白釉托比杯

❀4❀ 外销瓷的装饰

  明清外销瓷产品大部分是大众商品，早期主要是中国的传统纹样，清中期以后定制纹样增多，但也是批量生产。在这些外销贸易瓷中，大约有 5% 为特殊定制的瓷器，其烧制和装饰水平在外销瓷中都属于上等。这些根据客户需求烧制的瓷器，装饰图案中的主体纹饰往往是根据客户的需求来绘制，装饰内容也比较独特。

  销往欧洲的瓷器，装饰图像起初完全呈现出中国特色，随着欧洲皇室贵族对瓷器的需求增加，西式内容的装饰图像增多，展现出同时期欧洲人的流行风尚；还有很多"中西杂糅"的图像，留下了中国与欧洲文化交融的历史印迹。

中国风格图案

  克拉克瓷是指一种具有独特装饰风格的青花外销瓷器（图 8-13），流行于明万历至崇祯时期，其称谓来自荷兰语。主要特点是其装饰纹样，即在盘、

图 8-13　明代青花花鸟纹克拉克瓷

碟、碗等器的中心纹饰外围是一周扇形开光装饰，开光中是花草、虫鸟或符号等等，盘心主体图案有风景、人物、龙纹等，是早期外销瓷器中比较常见的装饰风格。克拉克瓷产地主要为中国景德镇窑、平和窑和德化窑等，后来日本和荷兰等国亦曾大量仿制克拉克瓷。

　　景德镇外销瓷中常见的中国风格的纹饰有亭台楼阁、花园篱笆、早春杨柳、小桥流水、江中扁舟、孤岛茅庵、空中飞鸟等，这些中国特色的图案充满了异域风情，深受欧洲民众的喜爱，18世纪英国瓷厂仿制中国青花瓷器时也多模仿这些图案进行装饰。1790年英国斯波德（Spode）瓷厂综合这些纹饰设计了一幅固定模式的装饰图案，并命名为"柳树图案"（Willow Pattern）（图8-14），这幅图案主题部分是右下方的近景：庭院楼阁，橘子树、柳树，小桥行人、江中小舟；左上方的远景：小岛、茅庵；江面上方天空中还有一对飞鸟。斯波德（Spode）瓷厂还为这个图案编撰了一个动人的爱情故事，讲述了一对中国男女"罗密欧与朱丽叶"式的爱情悲剧。这个故事随着装饰有这幅图案的瓷器传遍英国千家万户，并成为英国民众最熟知和喜爱的中国传说。

图8-14　19世纪英国瓷厂烧制的柳树图案青花盘

　　此时的英国正值工业革命发展时期，陶瓷生产的工业化进程主要表现在蒸汽动力的引进和铜版转印贴花技术代替了瓷器纹饰的手绘，瓷器生产对技术工人的依赖减少，工业化程度提高。因此，英国"柳树图案"瓷器是一种印花瓷器，产品有高度的一致性。同时，英国也在景德镇定制这种"柳树图案"的瓷器，景德镇陶工仍然用手绘纹饰的方式来制作瓷器，因此中国生产的"柳树图案"瓷器仍具有中国传统手工作坊瓷器的特点。

外销瓷"柳树图案"元素的纹饰一直沿用到清末。1817 年在马六甲海域触礁沉没的英国商船"戴安娜"号装载有大约 2.3 万件嘉庆年间生产的瓷器，1994 年被打捞出水，这批瓷器中有一大批装饰有"柳树图案"。甚至到 20 世纪 80 年代，景德镇人民瓷厂生产的青花瓷器（图 8-15）中，仍然使用这种风格的图案。

图 8-15 20 世纪 80 年代景德镇人民瓷厂烧制的青花盘

对中国仕女画的特殊需求

大量中国瓷器通过海外贸易传到欧洲，将中国古典艺术形象呈现在西方观赏者眼前，中国式爱情故事以及中国女性的温婉、含蓄，激发了西方人对神秘而多彩的东方文化的浓厚兴趣。有学者曾找到一批清朝时期英国购买青花瓷器的订单底稿，订单中对瓷器上的画面提出了明确要求，希望以仕女人物为主，有故事情节者尤佳。从现有外销瓷藏品看，装饰《西厢记》图像的瓷器在外销瓷中数量之多而被专门归为一类，属于仕女和人物故事瓷器中最多的一种。伦敦大学徐文琴博士发表在瑞典《东方古代文物》（The Museum of Far—Eastern Antiquities）上的一篇论文中收录有欧美收藏的外销瓷上有关《西厢记》的场景约有 21 幅；2005 年在上海博物馆举办的英国巴特勒家族所藏 17 世纪景德镇瓷器展览中，装饰《西厢记》场景的瓷器有 8 件；浙江嘉兴博物馆藏有一套雍正粉彩西厢记人物故事套杯，一共 10 件，共 10 个场景；2009 年荷兰倪汉克捐赠给上海博物馆的 97 件明清贸易瓷中有 18 件清代《西厢记》人物故事瓷盘；而英国维多利亚与艾伯特博物馆（以下简称 V&A）收藏的一件清康熙时期的青花棒槌瓶（图 8-16），应该是目前所见瓷器装饰中《西厢记》图像的集大成者。该瓶高 77.5 厘米，瓶身以连环画的方式装饰了《西厢记》的 24 个场景，图像自上而下分为四层，每层 6 幅画面，从左至右旋读，上一层第 6 幅与下一层第 1 幅部分相叠。第一层画面内容依次为张生赶考、崔母教女、古寺惊艳、张生相思、求宿古寺、红娘戏生；第二层画面内容依次为隔墙对吟、飞虎围寺、张生相助、慧明传信、杜确退敌、杜确辞别；第三层画面内容依次为红娘邀宴、张生赴宴、张生醉酒、隔墙听琴、红娘传书、越墙相会；第四层画面内容依次为红娘探病、莺生私会、夫人拷红、

图 8-16　清康熙青花西厢记图棒槌瓶

长亭送别、草桥惊梦、读信寄衣。这件瓷瓶的画面基本上描绘了完整的《西厢记》故事。

《西厢记》的故事来源于唐代元稹的文言小说《会真记》，后经金代董解元铺陈润色成说唱文学《西厢记诸宫调》，又经元代王实甫整理改编为千古绝唱的杂剧《西厢记》。明清时期，《西厢记》的刻本多达 80 余种。其中，明弘治十一年（1498 年）北京金台岳氏刊刻的《新刊大字魁本全相参增奇妙注释西厢记》是现存最早的戏曲插图刻本，有插图 150 多幅。这些不同版本的《西厢记》插图成为瓷器烧制时装饰图像的蓝本，有的甚至与瓷器画面完全一致。

清代外销瓷中还常见仕女、孩童、博古等象征符号集中表现的瓷盘，孩童有的手持如意、荷花等。这类图像是中国的传统吉祥图案，画面不再通过故事表达愿望，而是把多个寓意吉祥的符号组合在一起，期待一种多子多福、多财多识、和谐如意的生活。其他仕女画面的瓷器在外销瓷中也十分常见，

如仕女梳妆、仕女观斗鸡、仕女采桑、仕女放风筝等等，足见当时欧洲人对仕女题材瓷器的喜爱。

西方宗教内容的装饰

中国明朝相应欧洲的时代大约是文艺复兴时期，文艺复兴源于意大利，是欧洲的思想解放运动，提倡的人文主义精神倡导人性和科学，反对神性，肯定人的价值和尊严。文艺复兴促进了宗教改革，并没有动摇神权的地位，明清外销瓷器上众多宗教内容的装饰，也反映出基督教在欧洲的重要地位。外销瓷上比较常见的宗教纹饰有耶稣会标识和各种宗教故事。例如"IHS"这三个字母是"Iesus Hominum Salvator（耶稣，人类的救星）"的缩写，这个字母组合在15世纪成为一种流行的纹样常常出现在瓷器上；"耶稣受洗图"是外销瓷装饰中十分常见的图案（图8-17），画面来源于当时出版的《圣经》中木刻版画插图，表现了耶稣受洗仪式以及天开后灵光照耀、鸽子出现等场面，在瓷器中有青花、五彩、红彩等不同品种。

图 8-17　清红彩耶稣受洗图盘

历史事件和场景的装饰题材

把历史事件和现实场景画到瓷器上的纪念瓷大约始于清早期的外销瓷。欧洲人喜欢用瓷器来纪念某些事件和人物，并且装饰写实风格的西式画面，赋予了某些外销瓷记录历史的内涵，这是中国本土瓷器所没有的。例如"海战场景图潘趣酒碗"（图8-18）是清乾隆时期景德镇烧制的釉上黑彩描金瓷器，其外腹部一侧的海战场景描绘的是1782年4月9日—12日发生在东加勒比海的瓜德罗普群岛南部海域的圣徒之战，时值美国独立战争期间。在这次海战中，英国舰队在海军上将乔治·罗德尼的指挥下，战胜了海军上将格拉斯率领的更为强大的法国和西班牙联合舰队，当时这个联合舰队试图进攻牙买加。这次胜利是英国历史上的重要事件，曾被罗伯特·多德用绘画记录下来。场景中描绘的一艘英国战舰已被确定为英国皇家海军舰队的圣奥尔本斯号，由舰长查尔斯·英格里斯指挥。这个大酒碗可能是他的兄弟，一位英国东印度公司的董事为他定制，以纪念他的参战。

图8-18　清乾隆海战场景图潘趣酒碗

　　政治人物和时政讽刺画也摹绘到瓷器上更是西方所独有的一种瓷器装饰，这些画面的瓷器更具有纪念意义和时代特色，表达了定制者的思想倾向。例如"约翰·威尔克斯像潘趣酒碗"（图8-19）、"英国政治人像碗"（图8-20），这两件瓷碗上都绘有英国政治人物约翰·威尔克斯的画像。约翰·威尔克斯（John Wilkes，1727—1797年）是英国杰出的政治家、讽刺作家，提倡新闻自由，并争取基本公民权而深受民众欢迎，但屡屡受到议会的排挤而被认为是政治迫害的牺牲品和争取自由的先锋，对他的广泛支持成为英国激进主义的开端。他曾在其创立的期刊《北不列颠人》第45期中指责国王乔治三世的专制，高呼"自由是英国人民的特权"。

　　有趣的是这两件都绘有威尔克斯像的瓷碗分别代表了他的支持者和反对派。图8-19的画面是源自其反对者英国艺术家威廉·贺加斯制作的讽刺威尔克斯的铜版漫画和版画；图8-20的画面是宣扬威尔克斯及其支持者，并写有

图 8-19　清乾隆约翰·威尔克斯像潘趣酒碗

图 8-20　清乾隆英国政治人物图碗

"时刻准备干一番大事业"的口号。这两件瓷碗的装饰画面记录了当时激烈的政治斗争,二者摆放在一起,如同两个政治阵营的对峙。

纹章瓷

纹章瓷是中国外销瓷中很独特的品种,是指表面装饰有一种或多种欧洲纹章图案的瓷器。纹章是 16 世纪以来欧洲特有的代表家族、团体及个人的标志,来源于中世纪战场上骑士的盾牌图案,因当时的骑士从头到脚都有铠甲保护,只能从盾牌的图案来识别敌友。一个纹章能带给我们许多历史信息,比如家族纹章,按欧洲的传统,只有长子才能完整地继承家族纹章;每次婚姻后都要根据男方的身份和地位结合家族纹章和女方家族纹章的一些元素组合成一个新的纹章图案。一个家族纹章的演变史记录了一个家族的传承信息，因此纹章可以成为某些瓷器的断代依据。早期的纹章瓷是景德镇烧制的青花装饰瓷器，例如绘有葡萄牙国王曼努埃尔一世（1495—1521年）的浑天仪徽章青花执壶，底部有明宣德（1426—1435年）的款识，是目前发现的最早的纹章瓷，现存于葡萄牙里斯本博物馆；明嘉靖年间烧制的"青花葡萄牙盾形徽章纹执壶"（图8-21）。1684年（康熙二十三年）以后，受日本彩绘瓷器被欧洲人喜爱的影响，中国才开始外销彩绘瓷，珐琅彩、粉彩、墨彩、描金等多种彩绘装饰技法被用于纹章瓷的装饰，使纹章瓷更加华丽多彩，如"苏格

图8-21　明嘉靖青花葡萄牙盾形徽章纹执壶

兰纹章纹餐盘"（图8-22）。成套纹章瓷餐具和茶具的制作使纹章瓷进入日常生活，定制数量增加。清康熙"青花英国纹章纹餐盘"（图8-23）是已知最早

图8-22　清康熙苏格兰纹章纹餐盘

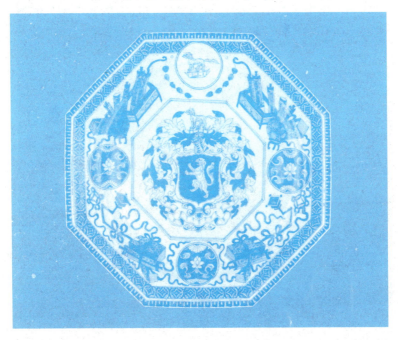

图8-23　清康熙青花英国纹章纹餐盘

成套纹章瓷餐具中的一件，这件直径48.5厘米的八边形大盘十分精美，盘面装饰是中西方图案的完美结合，中心纹饰是英国牛津主教威廉·塔尔伯特牧师（1659—1730年）的纹章，其外围是中国传统的书卷博古图以及圆形开光莲花图案，边饰为一圈中国钱币纹和一圈西方钱币边缘的齿状纹。纹章瓷在定制瓷器中占很大的比例，英国的大卫·霍华德分别于1974年和2003年出版的两卷《中国纹章瓷》中共收录了4000件套纹章瓷，此套书籍也是目前研究中国外销纹章瓷器最权威的著作。

艺术家专门设计的定制瓷器

请艺术家专门为定制瓷器设计纹样仅出现在1734—1740年间的荷兰东印度公司对华贸易中，该公司委托荷兰画家、设计师考纳利斯·普朗克（Cornelis Pronk，1691—1759年）为中国的外销瓷设计纹饰。"博士图盘"（图8-24）的装饰就是普朗克设计纹样的一种。这件大约1738年景德镇烧制的外销瓷中心纹饰是四位西方样貌的人身着中式服装围坐在一小桌旁，手中还握有鱼形器，荷兰阿姆斯特丹国家博物馆还收藏有这种纹样的水彩画。有趣的是这个纹样的源头是中国的一个寓意故事。据伦敦大学倪亦斌博士考证，画面源自宋话本故事的《三酸图》。北宋文学家苏东坡曾与黄庭坚（号山谷道人）、佛印禅师共同品尝唐代名醋"桃花酸"，三人尝醋后的不同表情分别代

图8-24 清乾隆彩绘描金博士图盘

表了儒、释、道三教对人生的态度：儒家以人生为酸，须以教化自正其形；释家以人生为苦，一生之中皆是痛楚；道家则以人生为甜，认为人生本质美好，只是世人心智未开，自寻烦恼。这幅图画意在表达三教合一的思想，三教代表人物从同一醋缸中舀取桃花醋，显示三教殊途同归、本源一致。这幅图在中国的版本与此画面不同之处很多，例如上海博物馆 2005 年举办的"英国巴特勒家族所藏十七世纪景德镇瓷器展"中有一件"青花山水人物笔筒"上有"三酸图"的明崇祯版本；江西省博物馆收藏的一件"黄釉笔筒"上的雕塑"三酸图"是清光绪年的版本（图 8-25），这个版本更加写实和生动。中国的"三酸图"怎样变成荷兰的这个混血版本，倪亦斌博士在《高士尝醋的勺怎么成了博士手中的鱼》一文中讲述了这个画面的流传过程："日本京都妙心寺收藏的日本桃山时期画家海北友松画的《三酸图》屏风画上，在美国波士顿美术博物馆收藏的日本江户时代的《三酸图》卷轴画上，高士手握的勺子在不谙内情的异文化观者看来，可能有点像一条大眼睛的鱼。"这个图像似乎也承载了中西文化交流过程中的曲折和变异信息。

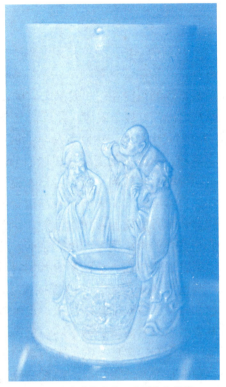

图 8-25　清光绪雕三酸图黄釉笔筒

普朗克设计的纹样大概有四种，这些纹样大约在 1737 年送到中国订制，由于制作费用昂贵，荷兰东印度公司很快停止了这种订制。这种订制虽然持续时间很短，但是对中欧的瓷器贸易产生了重要的影响，各家东印度公司持续大批购买瓷器，且纹饰越来越标准化；1774 年英国东印度公司一次订购瓷器 10 万件，指定仅需两种纹饰。商品越来越大众化，说明瓷器在欧洲日常生活中的使用越来越普及。货物需求量的增大，刺激了广州彩绘作坊的发展，为了迎合西方人审美情趣的广彩瓷器日益增加而成为外销瓷中的主要产品。

5 广彩瓷器

广彩的全称为"广州织金彩瓷"，是吸收传统的五彩技艺，融入粉彩的部分技法，仿照西洋表现手法，经彩绘并低温烧制而成瓷器。广彩是顺应对外贸易市场的需要在广州发展起来的，出现于清代康熙、雍正之间，盛于乾隆、嘉庆之际，发展于晚清，并流传至今。

明代中后期，中欧贸易早期的外销瓷器主要是景德镇生产的青花瓷。明末清初，中国正处于朝代更迭的动荡时期，对外贸易有所限制，荷兰东印度公司便把目光转向了日本，日本瓷器生产也因此进入了快速发展和提高的时期。日本应欧洲需求仿制景德镇青花瓷器的同时，也把自己特色的柿右卫门瓷器和伊万里瓷器贩卖到欧洲，伊万里瓷器是一种釉下蓝彩与釉上红彩、金彩相结合的彩绘瓷器，色彩艳丽。这是欧洲人最早见到的亚洲彩绘瓷器，日本彩绘瓷器的输入让欧洲人开始喜爱亚洲的彩绘瓷器。康熙中期，中国恢复了与欧洲各东印度公司的直接贸易，欧洲的订货中开始需要大量彩绘瓷器。起初，景德镇根据定制需求，也生产模仿日本彩绘风格的瓷器。由于彩绘定制瓷器需求量激增，为了缩短生产周期，提高生产效率，在离十三行不远的珠江南岸开始出现二次加工的彩绘手工作坊，专门从事依据定制要求进行瓷器釉上彩绘并低温烘烧，而素白瓷器来自景德镇。早期广彩的绘制是由来自景德镇的技术官员指导当地工匠完成的，随着加工作坊规模的扩大，彩绘陶工技术的逐步成熟，广彩瓷器的工艺日益精湛，用色和装饰风格逐步形成程式化的特点，产品大量远销海外，并出现了行会组织机构。广彩的行会组织"灵思堂"成立于乾隆四十三年（1778 年），地址在今广州文昌路郁桂坊三巷，直至抗战期间才拆除。"灵思堂"担当起行业管理者的角色，发挥了积极的作用。行会的出现说明广彩瓷业的发展已有一定时间和规模，同时也说明广州瓷器再加工与景德镇瓷器烧制联系紧密。

广彩为釉上彩，绘画以浓彩厚涂为特征，是西方油画和中国画中的工笔、没骨画法相结合的产物。广彩使用的彩料多达十余种，常见矾红色、粉红色、绿色、金色、藕荷色。早期广彩瓷绘画风格与景德镇彩瓷类似，但画工没有景德镇彩瓷精细。19 世纪初，广彩开始仿照中国织锦纹样，后用金水描画，且普遍用于各种瓷器，成为广彩描画的一种基础。广彩的设计风格依时间顺序主要有：景窑样式、西洋画法、开光程式、织金彩瓷、岭南特色。这个变化过程也体现了其商业化过程，18 世纪广彩瓷主要销往欧洲，消费群主要是贵族阶层；19 世纪随着中美航线的开通，广彩瓷又直接开拓了美国市场，主要外销对象从欧洲转向美国。广彩瓷器在美国深受社会各阶层的欢迎，当时美国广为流行的金色调装饰风尚，导致了广彩瓷器以浓烈的大红、大绿、大金为装饰的风格转变，尤其是金彩的使用空前突出。这种装饰风格一直延续至今。清末民初，岭南画派的画家们开始介入广彩瓷器的创作，在广彩绘画中融入中国画的技法，使广彩画面中出现了类似浅绛彩和新彩的特点，为广彩的发展注入了新的活力。

广彩瓷器主要是外销瓷器，因此器型除了碗、盘、碟、瓶等常见器型外，有一部分散发着浓郁的异域风情纯西式造型，以适应西方人的生活和审美习惯，例如西餐餐具、茶具、马克杯、咖啡具、调酒瓶、甜点台、水果篮、烛台等。例如广州市博物馆收藏的清乾隆广彩西洋风景人物图啤酒杯（图8-26）。

图 8-26 清乾隆广彩西洋风景人物图啤酒杯

　　广彩的纹饰中人物纹有中国人物和西洋人物两大类，中国人物图一般人物较多、气氛较热闹，有家庭生活、宴乐、祝寿、郊游等场景。其中有一些身着清廷官服的人物形象，欧洲人称之为"满大人"（图8-27）。 西洋人物有花园春游、神话故事、圣经故事等题材。

图 8-27　瓷器上的满大人形象

　　广彩瓷器是中国陶瓷发展史上彩瓷的代表品种之一，是清中晚期中国外销瓷的主要输出品种之一。1956年，新中国成立了广州织金彩瓷工艺厂，让这种特殊的彩瓷工艺延续至今。

6 外销瓷对西方制瓷业的影响

　　随着中国瓷器进入欧洲的数量增加，瓷器对欧洲人的生活带来的影响也越来越多，欧洲也开始仿制瓷器，他们对中国瓷器胎土成分的研究并模仿配方的试验持续多年。16世纪的意大利宫廷多次尝试模仿制作瓷器，比较成功的尝试是由著名的中国瓷器收藏家弗朗西斯科·玛丽·德·美第奇大公爵（Francesco Marie de Medici，1541—1587年）在佛罗伦萨宫廷实现的，这种后来称为"美第奇瓷"的瓷器是一种软质瓷，它的胎是由白黏土和玻璃粉混合制成，其技术与中东地区以石英为主要原料的"玻璃陶"烧造技术相似，还不是严格意义上的瓷器。V&A收藏的青花"美第奇瓷"盘（图8-28）就是1575—1587年间在意大利佛罗伦萨烧制的，这种早期仿制的瓷器目前的

图8-28　青花"美第奇瓷"盘

存世量只有50—60件。1710年，德国东部德累斯顿附近的梅森瓷器厂成为第一个生产接近东方瓷器的欧洲工厂，这种瓷器在西方被称为硬质瓷。一位名叫约翰·夫里德里克·伯特格尔（Johann Friedrich Böttger，1682—1719年）的炼金术士发现了硬质瓷的制作工艺，因此也被称为"伯特格尔瓷"。18世纪欧洲出现的仿制东方瓷器的工厂越来越多，例如法国巴黎的圣克卢瓷器厂、意大利佛罗伦萨多西亚瓷器厂、英国伦敦鲍氏瓷器厂、英国伍斯特瓷器厂、英国切尔西瓷器厂、荷兰代尔夫特瓷器厂等等。

欧洲瓷器厂在烧制过程中大量模仿东方瓷器的造型和装饰风格以适应本地市场，但是他们在模仿过程中，有时候会把中国元素和日本元素混在一起，对于欧洲人来说，这些瓷器均来自东方，并不能区分是来自中国还是日本。在18世纪50年代，由于日本伊万里瓷器在欧洲很受欢迎，中国江西景德镇为了迎合欧洲市场，也依据欧洲订单仿烧伊万里风格的瓷器。清雍正末期景德镇烧制的伊万里风格欧式杯（图8-29），器型源自欧洲的铸银大杯，装饰风格完全是日本伊万里瓷器的特点，即釉下青花与釉上矾红、描金相结合的彩绘装饰特点。同时，欧洲的瓷器厂也仿制这种简洁并受欢迎的伊万里瓷器。

图 8-29 清雍正景德镇烧制的伊万里风格欧式杯

另外宜兴紫砂、德化贴花白瓷、中国仕女装饰、广彩风格装饰、透雕工艺等中国风格，在欧洲的瓷器厂均有仿烧产品。

"中国风（Chinoiserie）"源自法文，瓷器上的中国风装饰是指对想象中的各种中国元素进行改造而产生的一种风格。中国瓷器上的人物、山水、花草、动物等纹饰带给欧洲人对中国的无限想象，亭台楼阁中文人雅士的悠闲生活是被欧洲人所向往的，宝塔、凤凰、菊花、柳树、仕女等极具中国特色的纹饰成为"中国风"的代表装饰，不过西方人绘制这些图案常常带有臆想的成分，同时糅合了日本、东南亚的一些元素，与中国的原始图案有一定差异。青花中国仕女图瓶（图8-30）在器表两侧描绘了庭院中手持折扇和托杯碟的东方女子，而周围的卷叶纹和格子纹完全是欧洲风格。

图8-30 1770年英国伍斯特瓷厂烧制的青花中国仕女图瓶

中国瓷器在欧洲的再装饰主要表现在两个方面：一个是用金属配件对器型进行改造，以适应西方人的生活需求；另一个是在中国烧制的瓷器上增加彩绘，这种加绘工作一般是在小作坊中完成，并在小窑中低温（大约600摄氏度）重烧。

7 明清时期的沉船与外销瓷

　　巨大的利润吸引了众多欧洲东印度公司的商船往返于广州的航线上，但是同时也冒着海上远洋航行的巨大风险，恶劣的天气及各种意外也常常带来船毁、人亡、货损的结果。这些满载货物的沉船，也是现代探险家探寻的宝藏。

　　瑞典"哥德堡号"沉船是最具魅力的一艘商船，它是瑞典东印度公司最大的船只之一，排水量约为833吨。1739年1月至1740年6月、1741年2月至1742年7月曾两次前来广州，在十三行购置大量的瓷器、茶叶、丝绸等中国货之后运往欧洲销售，利润极其丰厚，首航的利润就达到了100%。1744年9月，"哥德堡号"第三次抵达了广州，购买了大约700吨货物，其中大约有50万—70万件瓷器，于1745年（乾隆十年）1月驶离了广州港。意外的是，在经历了一路的艰险之后，1745年9月12日"哥德堡号"在离故乡哥德堡港口不到1公里的地方触礁沉没。由于离岸边不远，人员全部获救，但是满船的货物只有三分之一被打捞出来。仅仅这些打捞出来的货物，其利润就足以支付这一趟远航的成本并小有盈余，足见其利润之丰厚。不久，新造的"哥德堡Ⅱ号"起航，不幸的是其首航中就沉没于南非海域。200多年过去了，瑞典人的"哥德堡号"情结一直延续着。1994—2004年，瑞典人用了十年时间原样仿制了一艘"哥德堡号"，取名叫"东印度人哥德堡Ⅲ号"，并沿着百年前的航线驶往广州，于2006年7月18日到达广州南沙港码头，再现了大航海时代的梦想和辉煌。

　　"哥德堡"号装载的瓷器均为乾隆时期景德镇烧制的外销瓷，留存下来的是极少的一部分，成为乾隆时期外销民用瓷器的标本。

　　2005年9月下旬在北京故宫午门举办了"瑞典藏中国陶瓷展"，从当年打捞出的瓷器中遴选了29件具有代表性的器物呈现给中国观众。如青花折枝花卉纹碗、青花过墙云龙纹碗、青花牡丹垂柳纹折枝盆、外酱釉内青花折枝花卉纹碗、红绿彩花卉纹缸等，色调清新淡雅，都是乾隆时期常见的外销瓷。

　　"戈德马森号"（Geldermalsen）是荷兰东印度公司的商船，1752年（乾隆十七年）冬，装载着23.9万件瓷器、68.7万磅茶叶、147件金条或金元宝及一些纺织品、漆器、苏木、沉香木驶离中国前往阿姆斯特丹，16天后在中国南海区域触礁沉没，幸存的32人驾两艘小艇于一周后抵达巴达维亚（今印尼首都雅加达）。1984年，英国人哈切（M.Hatcher）在澳大利亚成立的打捞公司用了十周的时间，探测到了这艘沉船，并且将船上的货物打捞出水，大约有23.9万件瓷器和125块45公斤重产于南京的金锭，以及两门刻有荷兰东印度公司缩写字母"VOC"的青铜铸炮。船上203箱瓷器包括171套餐具、63623套带茶托的茶杯、19535套带托盘的咖啡杯、9735套带托盘的巧克力饮料杯、578件茶壶、548件牛奶壶、14315件浅餐盘、1452件汤盆、299件痰盂、75件鱼缸、477件单盘、1000件圆套盘、195件黄油碟、2563件带托盘的碗、821件杯子或啤酒杯、25921件泔水碗和606件唾盂。这件青花碗（图8-31）是其中的一件，代表了乾隆时期中国海外贸易的普通商品。

图8-31 清乾隆青花碗（戈德马森号沉船货物）

"碗礁一号"是康熙中期的一艘中国货船，2005年6月底在福建省平潭县屿头岛附近海域被发现，出水瓷器约有1.7万余件，有青花、青花釉里红、单色釉器、五彩器、釉下蓝彩和红彩等。器形主要有将军罐、筒瓶、筒花瓢、凤尾尊、盖罐、炉、盒、盆、盘、碟、碗、盏、杯、盅、葫芦瓶等。这批康熙时期的外销瓷器品质非常好，胎质洁白坚硬，釉色莹润，青花色彩明艳，浓淡多变，是景德镇民窑产品。这批外销瓷纹样十分丰富，有亭台楼榭、渔舟寒江、人物故事（图8-32）、庭院婴戏、博古杂宝、花鸟瑞兽、吉祥文字等，代表了康熙时期民窑的制瓷水平和民间艺术风貌，这些纹饰风格一方面延续了明末清初外销瓷的装饰特点，另一方面对乾隆时期"中国风"在欧洲的形成奠定了基础。

图 8-32　清康熙红佛传故事图凤尾尊

　　明清时期中欧贸易航线上诸多沉船的打捞出水，真实地再现了大航海时代海贸的繁荣以及中国在这个商品贸易中所担当的角色，外销瓷作为中欧海贸的大宗商品，影响着欧洲人的生活方式、审美趋向、艺术追求以及对遥远的东方文明想象，成为中西文化交流的媒介，意义深远。

附 录：明清时期部分沉船及出水瓷器统计表

朝代	年代	船只	所属国	沉没地点	出水瓷器
明	万历 1600 年	圣迭哥号	西班牙	马尼拉湾	500 件 克拉克瓷
	万历 1613 年	维特利乌号		南大西洋圣赫勒拿岛海湾	
	天启 1625 年	万历号	葡萄牙	马来西亚东海岸	约 2.1 万件
	崇祯约 1643 年	哈切		中国南海	约 2.5 万件
清	康熙中期	碗礁一号	中国	福建平潭屿头岛附近海域	约 1.7 万件
	康熙 1690—1700	头顿沉船	中国	越南头顿海域	约 6 万件
	雍正三年 1725	金瓯沉船	中国	越南金瓯海湾	约 7.5 万件
	乾隆 1745 年	哥德堡一号	瑞典东印度公司	哥德堡港口附近	50 万—70 万件
	乾隆十六年 1753 年	戈德马森号	荷兰东印度公司	中国南海	约 23.9 万件
	嘉庆 1817 年	戴安娜号	英国东印度公司	马六甲海域	约 2.3 万件
	道光 1822 年	泰兴号	中国	南海中沙群岛附近	约 35 万件 德化窑瓷器

中　国
瓷　器
简　明
读　本

参考文献

1. 中国硅酸盐学会编：《中国陶瓷史》，文物出版社，1982年。

2. 李湘生：《试析仰韶文化彩陶的泥料、制作工艺、轮绘技术和艺术》，《中原文物》1984年1期。

3. 杨楠：《论商周时期原始瓷器的区域特征》，《文物》2000年3期。

4. 南京博物院、江苏省考古研究所、无锡市锡山区文物管理委员会编著：《鸿山越墓发掘报告》，文物出版社，2007年5月。

5. 毛晓沪：《战国青瓷研究》，《收藏家》2001年第5期。

6. 朱建明编著：《探索中国瓷之源——德清窑》，西泠印社出版社，2009年12月。

7. 李建毛：《中国古陶瓷经济研究》，湖南人民出版社，2001年。

8. 周燕儿、沈作霖、周乃复：《绍兴越窑》，中华书局，2004年9月。

9. 蒋赞初：《长江中游地区东汉六朝青瓷概论》，《江汉考古》1986年3期。

10. 黄义军：《略论湖北地区六朝青瓷的造型和装饰》，《江汉考古》1994年4期。

11. 唐星煌：《汉晋间中国陶瓷的外传》，《厦门大学学报（哲学社会科学版）》1988年3期。

12. 刘毅、袁胜文：《北方早期青瓷初论》，《中原文物》1999年2期。

13. 朱伯谦主编：《中国陶瓷全集》，上海人民美术出版社，2000年。

14. 王志高、贾维勇：《南京发现的孙吴釉下彩绘瓷器及其相关问题》，《文物》2005年5期。

15. 刘逸歆：《福建六朝墓葬出土青瓷研究》，《东南文化》2008年3期。

16. 马世之：《关于隋代张盛墓出土文物的几个问题》，《中原文物》1983年4期。

17. 陕西省考古研究院　咸阳市文物考古研究所：《隋元威夫妇墓发掘简报》，《考古与文物》2012年1期。

18. 刘呆运、赵海燕：《西安出土隋代白瓷赏析》，《收藏家》2014年7期。

19. 王长启：《西安市出土"翰林"、"盈"字款邢窑白瓷罐》，《文物》2002年4期。

20. 中国社会科学院考古研究所西安唐城工作队：《西安西明寺遗址发掘简报》，《考古》1990年1期。

21. 故宫博物院编：《故宫陶瓷图典》，故宫出版社，2010年6月。

22. 上海博物馆编：《中国古代白瓷国际学术研讨会论文集》，上海书画出版社，2005 年。

23. 河南省文物考古研究所编：《北宋皇陵》，中州古籍出版社，1997 年。

24. 吕成龙：《绚丽斑斓的唐代花釉瓷器》，《收藏家》1998 年 4 期。

25. 陈尧成、张福康、张筱薇、蒋忠义、李德金：《唐代青花瓷用钴料来源研究》，《中国陶瓷》1995 年第 2 期。

26. 邓禾颖、唐俊杰：《南宋官窑》，杭州出版社，2008 年 2 月。

27. 孙健：《南海沉船与宋代瓷器外销》，《中国文化遗产》2007 年第 4 期。

28. 彭善国：《辽代青白瓷初探》，《考古》2002 年第 12 期。

29. 邱新倩：《清代景德镇"柳树图案"外销青花瓷研究》（硕士论文），《景德镇陶瓷学院哲学与人文科学辑》2011 年第 S1 期。

30. 纪炜：《碧海扬波　域外生辉——哥德堡号和海上丝绸之路》，《收藏家》2005 年 11 期。

31. 徐中锋：《清中期外销瓷贸易中的广彩》，《中国美术研究》第 3 辑（2012.12）。

32. 黄静：《闲话广彩：广彩瓷器的艺术特点》，《文物鉴定与鉴赏》2011 年 2 月。

33. 黄静：《广彩瓷器中的中国与西方元素》，《收藏》2013 年 4 月。